文化艺术管理类专业论文写作

艾佳 著

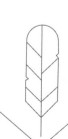

清华大学出版社
北京

内 容 简 介

本书以作者在文化产业管理、艺术管理、非物质文化遗产保护等专业中的教学经验为基础，结合各专业的人才培养目标与研究焦点，针对性地归纳了专业论文写作的规范与技巧。全书将专业论文写作划分为寻找选题、论证选题的可行性、写作初稿、完善文本等几大阶段，对每一个阶段的写作任务进行了分步骤详解阐述，并引入了大量示例，以辅助读者理解。本书为文化艺术管理类专业的学生的专业论文写作提供了丰富、实用的建议。

本书封面贴有清华大学出版社防伪标签，无标签者不得销售。

版权所有，侵权必究。举报：010-62782989，beiqinquan@tup.tsinghua.edu.cn。

图书在版编目（CIP）数据

文化艺术管理类专业论文写作 / 艾佳著 . -- 北京：清华大学出版社, 2024.8. -- ISBN 978-7-302-66641-7

Ⅰ . G11

中国国家版本馆 CIP 数据核字第 2024CG2793 号

责任编辑：陆浥晨
装帧设计：方加青
责任校对：宋玉莲
责任印制：丛怀宇

出版发行：清华大学出版社
网　　址：https://www.tup.com.cn，https://www.wqxuetang.com
地　　址：北京清华大学学研大厦 A 座　　邮　　编：100084
社 总 机：010-83470000　　邮　　购：010-62786544
投稿与读者服务：010-62776969，c-service@tup.tsinghua.edu.cn
质 量 反 馈：010-62772015，zhiliang@tup.tsinghua.edu.cn
印 装 者：三河市人民印务有限公司
经　　销：全国新华书店
开　　本：170mm×240mm　　印　　张：16.5　　字　　数：218 千字
版　　次：2024 年 8 月第 1 版　　印　　次：2024 年 8 月第 1 次印刷
定　　价：59.00 元

产品编号：105748-01

序 一

学术论文是人类知识创生的重要方式。分科而学意味着不同学科、专业有不同的研究对象和研究路径，无论是本科、硕士，还是博士，论文都需要有相对应的学科专业知识和分析研究工具作为支撑。本科论文写作注重考察学生运用专业的基本知识解决某个具体问题的能力，同时也考察其知识掌握、语言表达的能力。硕士学位论文写作则需要作者针对学科、专业发展，在前人研究成果的基础上，运用学科理论知识，解决现实问题，提出具有一定学术价值的观点。博士学位论文写作注重追踪学科领域最新发展动态，要求作者对所学专业的理论知识有深入的理解和思考，为学科领域提出独创性的见解。

论文写作的难度比一般写作的难度更大。为何这样说？原因有二：一是论文写作对作者的语言文字能力的要求更高；二是论文写作需要作者具有一定的问题意识，以概念与材料为基础，通过判断、推理、思辨等综合分析过程，寻求能够解决理论和现实问题的方法。当然，学术论文有高下、层级之分。不同层级的文本所反映的研究深度、所使用的学科知识、论证材料，以及分析论证难度、复杂度也有所不同。

具体到一篇论文，有没有可以遵循的基本规律和写作方法呢？金代王若虚在《滹南遗老集》卷三十七写道："或问：文章有体乎？曰：无。又问：

无体乎？曰：有。然则果何如？曰：定体则无，大体须有。"①古人也从不同文体的结构中总结出文章要如"凤头、猪肚、豹尾"，意为文章开头要直奔主题，主体部分要能承接丰富的内容，结尾则要简捷有力。我想无论何种文体的写作，都需要遵循一般的规律，要有一定的规范，但落到不同学科、专业的论文写作，面对不同的现实与理论问题，则没有固定不变的体例和规律可寻。

人文科学，无论哪一个学科，都需要从具体的学科、专业视角关注社会，聚焦现实问题。无论何种层次学术论文的写作，从确定研究选题、开展调研、搜集资料，到选择分析工具、寻找支撑理论，再到提纲拟写、完成论文初稿，在导师的指导下，进行修改完善，任何一个环节都是一项相对艰苦的工作，也是培养学生科学研究能力不可缺少的过程。从这个角度看，总结论文写作的基本规律、基本方法，编写具有针对性的论文写作教材，指导青年学子通过论文写作，提升研究能力是有必要的。

清华大学出版社出版的《文化艺术管理类专业论文写作》是指导文化艺术管理专业学生撰写学术论文的教材。作者长期从事文化艺术管理科研、教学工作，结合自身研究、写作经验而形成的这本教材具有很强的指导性，不仅可供本科学生阅读，对不同层次、不同学科的青年学子都有一定参考价值。本书开篇对学术论文进行了概述，收篇给出参考范例，主体部分有六个章节，从选题的确定与论证、写作过程和规范等方面，用扼要、平实的语言总结了论文写作的基本要求和方法，有支撑材料、有具体范例、有拓展阅读线索，亦有可供教师延伸讲授的空间。值得肯定的是，本书的整体架构、方法总结、案例分析无不体现出作者对文化艺术管理类学科的情感和对莘莘学子的期望。

数字技术改变了人类知识生产、贮存、传播和接受的方式。人工智能快速发展，为写作者在资料获取、参考借鉴等方面带来极大便利的同时，

---

① （金）王若虚.王若虚集（下）[M].马振君，点校.北京：中华书局，2017:452.

也给学术研究、论文写作带来负面的影响。海量信息获取的便捷化和智能写作技术的普及化背后亦存在无思索的复制，无创新性甚至虚假性的写作，以及对社会现实漠视等现象。然而学术研究需要观察，需要怀疑求实，需要知识创新，更需要有学者良知。本书中隐含了这种精神，希望使用本书的教师通过教学进行强化，希望学生们在学习中有所体悟，并且落实到自己的写作与研究中。

我想这是编写教材的老师的用心，也是在高校从事教学和研究，行走田野中的一位学者的心得。

以此作序，与大家共勉！

李 炎

云南大学

2024 年 5 月 1 日

序　二

　　我国文化历史悠久，文化艺术积淀一直以来十分丰厚。进入21世纪，文化艺术行业愈加蓬勃发展，业态也不断创新、成熟、扩大。相应地，文化艺术行业对管理类人才的需求日益增加，在艺术学、历史学、哲学、管理学、法学等学科发展的基础上，一些体现学科之间、专业之间交叉融合的新兴专业，如文化产业管理、艺术管理、非物质文化遗产保护等陆续建设起来。各所高校结合各自的办学资源与特点，培养了大量青年人才以满足各行业健康、快速发展的需要。文化艺术管理类专业的学习复合性、综合性比较强，学生不仅要懂得文化、历史、艺术等理论知识，具备文学、艺术作品的鉴赏能力，还需要熟悉文化艺术资源挖掘、创新、保护等方法，并将理论灵活运用于实践中。从微观上来说要适应不同行业、不同职业的实际需要；从宏观上来说要符合国家、社会人才培养的目标与导向。毋庸置疑，对文化艺术管理类人才的培养方式也是非常多元的，除了课堂教学、课外实践外，学术论文、调研报告等专业文本写作，能够起到的综合训练作用愈加凸显。

　　过去不少人对写作留有刻板印象，认为只有从事秘书、新闻、编辑等职业的人员才需要学习写作技巧，研究生以上的教育阶段才需要接触学术论文阅读与写作基础，将来从事科研、高等教育教学等工作的人群才需要专门对学术论文写作进行训练，但从时代发展的角度来看，整个社会的教育水平在不断提升，对逻辑思维能力、观察能力、表达能力的要求也在随之提高。各高校对于学生的写作训练愈加重视，面向本科生开设的学术讲座、学术论坛、写作训练营、实践调查类课程越来越丰富，本科在读学生公开发表学术论文的情况也不再鲜见。换言之，学术训练所覆盖群体的广度在不断拓宽。

写作是一项集调查、分析、归纳、总结、思辨、语汇运用于一体的综合性训练，它能够多面、立体地呈现学习者对本专业知识的掌握程度、对行业新动态、新趋势、新问题、新挑战的关注程度，以及利用专业学识脚踏实地、逻辑清晰地分析事物、阐释现象、解决问题的能力。因而，将写作纳入本科及以上学生能力考察的矩阵中是十分必要的。2021年1月，教育部发布了《本科毕业论文（设计）抽检办法（试行）》，要求自2021年1月1日起，启动本科毕业论文（设计）抽检试点工作，抽检每年进行一次，并明确指出"重点对选题意义、写作安排、逻辑构建、专业能力以及学术规范等进行考察"。该办法进一步明确了从本科开始，对在校学生开展规范的学术论文写作训练的重要性。

本书基于作者十余年来在文化产业管理、艺术管理等专业中的教学实践经验，针对文化艺术管理类专业论文写作的风格特征，以及上述方向学生的学习特点与人才培养要求，将合理制订写作计划、寻找适合的选题、论证选题的可行性、完成文本写作等几大任务分步骤、分类别一一详解阐述。对文化艺术管理类学生常用的研究方法，以及应当具备的写作规范要领等，也以深入浅出的方式予以指导，并辅以诸多实际案例加深同学们的理解。

总的来说，本书为正计划撰写论文，或已开始论文写作的同学们提供了诸多实用性的建议，以期对同学们有所帮助。

前　言

进入 21 世纪以来，我国文化与艺术管理类的专业建设速度不断加快。文化、艺术产业飞速发展，现代教育手段不断更迭，为相关专业学生的学习、实践、科研提供了良好的条件，也对人才培养的目标提出了更高要求。

从学术意识的角度来看，科研队伍正不断年轻化，除了硕士、博士在读的学生以外，本科生也逐渐加入了学术研究的行列，本科学生写作论文、发表论文的数量都在逐年升高，文化艺术管理类专业的学术队伍在不断壮大。

从技术发展的角度来看，近些年国内外学术数字化的发展十分迅速。写作者能够比较便利地检索到与自己专业相关的电子文献、统计资料等，辅助开展问卷调查和分析的软件也在不断进步，科研条件与数十年前相比已不可同日而语。

从社会需求的角度来看，与文化、艺术相关的会展、演出、产品、服务层出不穷，产业园区、文旅综合体不断建设，新媒体的更迭日新月异，行业发展不断显现出对兼具研究能力、表述能力、营销能力的复合型人才的急迫需要。

毫无疑问，支撑文化艺术行业兴盛的技术水平、社会环境、经济条件都有了长足的进步。但在笔者十余年的教学工作中，亦发现了一些有趣的现象：尽管外部条件在不断改善，但对于大部分文化艺术管理类专业的学生群体来说，所困惑的问题依然是"我该选择什么样的选题""行业调研应该如何进行""调查报告的基本格式是什么""这个题目是否可行""文献综述应该怎么做""如何寻找选题的创新点""别人写过的题是否还能写"等，这些问题年复一年，都会被新的学生提出。由此也可看出，青年学生在面对与专业、行业紧密相关的写作任务时，首要关注的问题具有一定的共同性和普遍性。在我们的教学、科研当中，如若加入一些科学、合理、有效的方法指引，更好地利用现代社会在资源与素材方面所展现的便利性，帮助青年学生结合写作规范与技巧，发挥自己在专业上的创意与潜力，将更利于青年学生在欣欣向荣的文化艺术领域全方位地展示自己，服务于行业发展，实现个体价值。

纵观国内外高等院校，以学术论文及各类应用文体写作作为专业教育系统中的训练手段，这一教学方法已经运用得极为成熟。为提升学生的写作能力，更好地掌握调查研究的方法，更规范地遵循语言格式规范，各所高校已经出版了一些与之相关的著作、教材，并向我们说明了文本写作的基本特性：写作具有规范性，既要体现写作者的独特视角，各个环节又均有方法和规律可循。早在1937年，凯特·L.杜拉宾便汇编了《格式手册》，为芝加哥大学的学生提供写作指导，该手册于1955年以《学期论文、本科硕士论文和博士论文写作手册》的名称出版发行，并多次再版。洛兰·布拉克斯特、克里斯蒂娜·休斯与马尔克姆·泰特所著的《怎样做研究》从选题、阅读、时间管理、资料收集等方面，对研究的全程给予了详尽的方法介绍。在国内，也有童之侠等针对中国学生特点所出版的《怎样做理论》、荆学民主编的《人文社会科学毕业论文写作指南》等。再从面对的读者层次来看，德斯蒙德·托马斯所著《博士生写作手册》，帕特里克·邓利维所著《博士论文写作技巧：博士论文的计划、起草、写作和完成》，吴子牛、白晨媛编著《学位论文写作与学术规范》，马来平所著《研究生论文写作技法》等，都针对硕士、博士攻读阶段的研究特性、研究深度，提供了详尽的科研写作经验。不仅如此，众多学者还扎根于各自钻研的领域，出版了具有专业特性的写作指导书籍,如贝克尔、理查兹所著《社会科学学术写作规范与技巧:如何撰写论文和著作》,宁镇疆、高晓军主编《先秦古史研究论文写作:案例与方法》,李梅秀所编《语言研究学术论文写作》等。可以窥见,写作训练正向着愈加专业化、细分化的方向发展,各个学科也正在积极建构将科研精神、科学工具、专业特性相融合的训练体系,培养兼具专业学识、学术水平与综合应用能力的高素质人才。

  本书结合当下文化艺术行业发展的需要,在一般性的学术论文写作方法、应用文体写作技巧的基础上,突出了学科、专业的特点,以对文化艺术管理相关专业的青年学生更有帮助:一是从培养目标和特色出发,从物色适合自身学习方向,并具有写作价值的选题,到初稿写作、文本修订的整个过程,都与文化、艺术管理类专业的特殊性充分结合,大量选用了专业研究的案例,增加读者对专业方向文本风格的熟悉度;二是设置了与专业相关的实操示范和练习的部分,增加了读者自主训练的环节,以期阅读、写作、调查等立体维度能够相互促进、紧密结合,对写作者起到切实的提升作用;三是加入了数篇完整的文案与学术调查报告、学术论文等,作为教学的辅助材料,便于读者参考。

目 录

第一章 了解学术论文

第一节 学术论文、学术活动与学术精神 / 2
第二节 学术论文的特点与写作主要过程 / 5
第三节 文化艺术管理类学术论文的主要范围 / 10

第二章 选题准备

第一节 提出选题方向 / 14
第二节 查阅选题研究动态 / 23
第三节 实地走访 / 32
第四节 题目设计 / 33

第三章 选题论证

第一节 选题名称 / 44
第二节 选题意义与背景 / 46
第三节 研究动态 / 49
第四节 主要内容 / 54

第五节　选题创新点 / 58
第六节　参考文献 / 66
第七节　写作计划 / 68

第四章　初 稿 写 作

第一节　任务分解法 / 72
第二节　要素记录法 / 76
第三节　标题调整法 / 90
第四节　内容增减法 / 94
第五节　结构完善法 / 99

第五章　论 文 修 订

第一节　明晰框架与条理 / 120
第二节　修改篇幅比例 / 123
第三节　确定观点的论据充分 / 125
第四节　理顺文章逻辑衔接 / 127
第五节　遵守语言与表述规范 / 129
第六节　适当运用图表 / 136

第六章　引 用 规 范

第一节　引用的作用 / 142
第二节　引用的原则 / 146
第三节　引用的方法 / 155

第四节　引用的来源 / 162
第五节　引用功能的运用 / 172

第七章　研究方法

第一节　问卷调查法 / 176
第二节　个体访谈法 / 186
第三节　实地观察法 / 193
第四节　调查资料整理 / 199

第八章　学术论文范例

参 考 文 献

附　　录

后　　记

第一章

了解学术论文

◉ **本章重点**

- 认识学术论文写作训练的必要性；
- 理解学术论文写作的基本要求；
- 掌握文化艺术管理类学术论文的特点。

很多同学是在迈入本科学习阶段后才正式接触到论文写作的。甫一接受写作任务，同学们的脑海中往往会浮现一连串问题：论文是什么类型的文章？有什么样的要求？写论文对专业学习来说是必需的吗？需要写多少字？写论文应该从哪里开始？总共要经历几个环节？多长时间可以完成……本章将对这些基础问题一一进行阐释，帮助同学们对学术论文写作的目的以及基本要求形成整体认识，便于开展学术论文写作活动。

第一节　学术论文、学术活动与学术精神

梁启超曾将"学术"定义为："学也者，观察事物而发明其真理者也；术也者，取所发明而至于用者也。例如以石投水则沉，投以木则浮，观察此事物，以证明水之有浮力，此物理学也，应用此真理以驾驶船舶，则航海术也；研究人体之组织，辨别器官之机能，此生理学也，应用此真理以疗病，则医术也。学者术之体，术者学之用。"[①] 在梁启超的这段总结当中，"学"是在万事万物中总结科学道理，"术"则是将所发现的道理运用于事物发展之中。学术活动，即积极、广泛吸收与专业相关的知识，充分结合社会实践经验，提出存在问题，并论证解决方案这一过程的集合。这个过程对处于专业学习阶段的学生及研究者来说，不仅不陌生，恰恰相反，它还能很好地激发青年群体投身于社会实践，参与社会治理的意愿，促使其对专业知识的学习产生更浓厚的兴趣。

---

① 刘梦溪. 中国现代学术经典·梁启超卷 // 梁启超. 学与术. 石家庄：河北教育出版社，1996：723.

学术活动中所蕴含的学术精神不仅对未来从事科学研究的人群有作用，对于整个社会——尤其是价值观、人生观、世界观正处于重要形成期的青年群体，也有着非凡的意义。

首先，学术活动帮助人们摒弃盲从、狭隘、短视与偏见，以理性、客观的科学态度为追求，敬畏书本的同时不偏信于书本，保持对事物的思索之心。任何学术研究都不能脱离对前人、他者成果的学习，在了解他人的研究观点之后，仍可以继续提出"同意他人观点""与他人观点相反"或对他人观点进行不同角度的补充"等假设，并结合适当的研究方法与分析工具，一一予以论证，在这个过程中令自己的思辨能力得到成长。"重要的不是记住学过的东西，而是判断力的训练。强记并无助益，我们需要的能力是在任何时候可以自己动脑筋去找到必要的知识，可以从不同的角度去思考事物，而这种能力不可能从学习固定的知识当中获得，只有和活生生的研究工作接触才有可能。"①

其次，学术活动鼓励人们，尤其是青年关注社会发展与变革，关注自己即将投身的行业中的焦点议题。蔡元培先生在1918年北京大学开学式的演说中曾言："大学为纯粹研究学问之机关，不可视为养成资格之所，亦不可视为贩卖知识之所。学者当有研究学问之兴趣，尤当养成学问家之人格。"②其言便提醒青年们：大学不仅仅是一个获取现成知识的场所，青年学生还应当在求学期间，培养自身崇理、求真等优秀品质，保持爱国情怀，立下将所学知识回馈于社会的志向，成为对国家、对民族有担当的人。

最后，学术活动强调与社会、与他人保持交流与对话的重要性，并将对话、思辨的技巧视为学术训练的目标之一。思辨是一种共享的合作的

---

① 雅斯贝尔斯.什么是教育.邹进,译.北京：生活·读书·新知三联书店,1991：153.
② 载于张圣华.蔡元培教育名篇 // 蔡元培.北京大学一九一八年开学式演说词.北京：教育科学出版社,2007：76.

社会生活形式。对于我们能够自己发现并提出的最重要的问题、在对其正确答案的共同寻求过程中,它是一种坦率和集中的形式。①当下有许多学术交流、学术论坛、学术训练营类的活动,学者因学术话题讨论而齐聚一堂,就新发现、新现象、新方法等展开交流,与他人进行精彩的思想对话,并将对话的结果向所有人公开、共享,以激发更广泛、更深入的探讨。

论文是学术活动的成果之一,也是在专业领域中学以致用的表现。简单地概括而言,论文,即论证式文章。它以问题为导向,以前人的研究成果为基础,以科学的研究方法为工具,通过规范的语言表述与严谨的逻辑关系,对存在问题及解决方法予以论证说明。学术论文,则在上述特点之上,对专业知识的表现与运用、对专业性问题的探讨有更明显的聚焦。学术论文是某一学术课题在实验性、理论性或观测性上具有新的科学研究成果或创新见解和知识的科学记录;或是某种已知原理应用于实际中取得新进展的科学总结,用以在学术会议上宣读、交流或讨论或在学术刊物上发表,或作其他用途的书面文件。②因而,从事教育工作的教师、从事专业研究的科研人员、从事某一领域工作并在专业岗位上有所钻研的工作人员、正在攻读学位的学生,都可以撰写学术论文,并以此推动自身在专业技能方面的创新与发展。

学术论文的写作可按学习阶段分为课程论文、学年论文、学位论文等;也可从文体上分为调查报告式论文、综述式论文、论述式论文等;从写作的动机来看,有兴趣驱动式写作,也有任务驱动式写作;从完成方式来看,有独立撰写,也有合作撰写;从写作成果的去向来看,可分为公开发表式论文、内部交流式论文、能力考核式论文等。由于文本性质与写作

---

① 詹姆斯·麦克莱伦.教育哲学.宋少云,陈平,译.北京:生活·读书·新知三联书店,1988:252.
② 《中华人民共和国国家标准 科学技术报告、学位论文和学术论文编写格式》(GB 7713—87),中国标准出版社,1987年版.

目的有所不同，各种类型学术论文的篇幅也存在差异，但通常不低于5000字。对于本科、硕士阶段的同学来说，5000至2万字之间是比较常见的学术论文篇幅，本科毕业论文的最终稿为1万～2万字，硕士毕业论文的最终稿为4万～8万字，博士毕业论文的最终稿为15万～30万字[①]。

学术论文写作对青年学生是一个极有益处的练习方法。学术的理性精神从而逐步带动了人类理智的进步，对社会文明的发展起到深层次和久远的作用，这种作用有时似乎是潜在的，有时似乎是间接的，但具有稳固、持久的力量。[②] 在素质教育、品格教育愈发受到重视的今天，以撰写学术论文为工具开展的学术训练，对学校而言，这是体现人才培养质量的方法之一；对学生而言，这是检验自己专业学习水平的有效指标；对未来准备从事教育、科研工作的群体而言，更是必需的训练过程。学术论文写作除了帮助写作者高效学习、掌握论文写作规范外，对于传递理性、求索、谦逊，以及持之以恒的精神也尤为重要。尤其是文化艺术管理类专业的同学，今后很有可能到博物馆、美术馆、旅游景区、文化企业、媒体等企业从事与创意策划、营销宣传、艺术品经纪等相关的职业，对行业发展动向有敏锐的洞察力，有良好的分析能力与文字表达能力，是在文化艺术管理行业中展现个人能力的重要基础。

第二节 学术论文的特点与写作主要过程

一、学术论文的特点

学术论文不同于新闻写作，也不同于文学写作，其文体、格式、结

[①] 学位论文的具体要求以各院校的学位论文管理文件为准。
[②] 张国刚，乔治忠. 中国学术史 [M]. 上海：东方出版中心，2006：5.

构、专业术语的表达都有相应的规范与要求。学术论文无论篇幅长短，探讨内容成熟、深刻与否，其本质都是学术研究的阶段性成果，具有明确的学术性。朱大明曾指出，广义的学术性是指对表述科研成果（包括应用性研究成果）的论文所具有的创新性、理论性、科学性和规范性等属性特征的总称。①

学术论文的创新性，即文章与同方向的已有研究成果相比，应在观点、视角、材料或方法上有新的推进、新的发现，反映作者积极关注社会发展与变革，勇于打破思维定式、承前启后、推陈出新的意识与能力。

理论性，即文章不能脱离本专业的理论指导，在写作过程中应对经典理论著作与具有一定学术影响力的理论观点有所研读，善于学习与接受视野广阔的学术见解，并运用于自身的研究与发现，为论文搭建坚实的理论支撑。

科学性，即文章的撰写与结论的提出要建立在科学的研究方法、对客观事物全面、理性的分析之上，令学术成果反映社会的客观实际，并能够接受社会实践的检验。

规范性，即写作格式、语言、结构、方法等，均遵守学术期刊、学术文献出版单位、学术研究机构、高等院校等所推行的基本规范与撰写标准。

总的来说，学术论文的写作应当能够体现研究的完整性与逻辑的严密性，条理清晰、言之有据，不带入个人偏见与情感好恶，能够从客观实际出发，并最终服务于客观实际。

二、学术论文写作的主要过程

论文写作的灵感来源与工作计划因人而异。有的作者善于观察，能够

---

① 朱大明. 学术论文的"学术性"辨析与鉴审［J］. 科技导报，2013（Z1）.

从日常生活中注意到与专业相关的现象与问题，因而激发了深入研究、撰写论文的想法；有的作者则从自己长期以来的兴趣爱好出发，围绕喜爱的作品、品牌、艺术形式、人物等，在专业理论知识的指导下，对某个问题与现象进行深入探讨，如阐述作品的生产与创作方法、分析艺术市场的优势与不足，并提出自己的建议；还有的作者则是以过往的实习经历、课程作业为基础，借助科学系统的分析工具、学术理论，将之前积累的素材延展成为一篇更成熟的学术论文……写作的出发点各有不同，但最终的目的，都是聚焦于文化艺术行业的某个问题，并提出有价值的见解，加深学术交流，作用于文化艺术行业的健康发展。

无论多么有经验的作者，在写论文的时候，都会经历"提出选题—论证选题的合理性—开始写作—反复修改—最终定稿"这个过程。论文写作需要投入的时间既与作者经验、能力直接相关，也与主题、难度、深度、篇幅有关，最终花费的时间因人而异。当然，初学者在论文写作中也存在一些显而易见的共同点：一是语言方面。作者对学术语言的运用不够熟悉，容易混淆书面语言与口头语言，学术语言与新闻语言、散文语言的用法，需要时间适应学术论文的写作风格与规则；二是时间方面。由于要兼顾学习、实践与生活，高年级的同学可能还同时准备升学考试、择业等，作者能专注于论文写作的时间较为有限；三是经验方面。青年学生写论文的经验还比较薄弱，在检索与分析等环节中灵活性还不够，将实地调查、访谈交流、参观走访中所取得的资料与理论知识相结合的敏锐度有所欠缺，从现象背后探索本质的能力、对写作风险的预见能力还存在不足。也正是因为如此，如图1-1所示，在写作正式开始前，每位写作者都应该结合自身的实际情况，对写作需要经历的各个环节有所了解，并对各环节的时间与任务制定较为清晰的规划，合理分解每个阶段的工作量，随时检查写作进度，调整写作心态与方法，以保障写作的顺利进行。

图 1-1　论文写作主要流程示意图

随着各级教育部门、高等院校对学位论文质量重视程度的提高,毕业生撰写论文的过程受到了更严格的监督与指导,不少高等院校为毕业生预留的写作时间都较为充足,分为确定指导老师、提交论文题目、撰写开题报告、接受开题审核、完成初稿写作、中期进度检查、论文修改完善、上传终版定稿等多个环节。对于本科同学来说,每个寒假、暑假都是开展前期调查的好时机,三年级与四年级之间的暑假则是开展学位论文写作较好的起始点,可以充分利用这一假期,对毕业论文的方向、选题等进行构思,并予以前期论证。正在准备考研的毕业生,也可以在准备研究生入学考试的同时,以撰写小论文的方式检验自己专业学习的成果,为未来的研究生学习打下基础。研究生在读阶段的同学,可以抓住每一次参观、走访、调查的机会,收集整理材料,以撰写田野日记、调查报告等形式,练习论文写作的技巧。

值得一提的是,论文写作过程当中的心态也十分重要。尤其是本科在读的同学们一定要对论文写作摆正心态,做好投入足够的时间、精力的心理准备,以平常心看待写作过程中遇到的障碍,同时也相信自己能够高质量地完成专业论文写作,避免陷入"本科生不需要写论文""本科生不可能写出好论文""临时抱佛脚就行了"等误区。恰恰相反,本科的同学应当把握每一次撰写学术论文的机会,提高自己的专业学习水平。例如,阅读学术文献,梳理自己对于专业知识的认知与掌握程度;深入调查某个或某类文化艺术机构,密切关注它们与社会文化需求之间的关系;走访市场,敏锐地觉察某类文化艺术产品在消费市场上的供需变化……与此同时,通过撰写论文的方式,将自己的观察与思考以规范的语言、清晰的逻辑论证表述出来,促使自己更快地成长。如同格里瑟姆所言:"要通过这次包含大量独立思考、独立工作的经历，告诉自己、自己论文评审老师，也告诉未来的雇主，你有完成大型项目的能力。"①

对本科生撰写论文的常见误区

常见误区一：论文写作是将来从事科研工作的人需要做的事，与本科学生无关。

实际上，学术论文写作是系统提升专业学习水平的一种非常有效的方式。从选择主题、收集资料、设计论文框架，到实地调研、记录与分析资料，再到从中发现规律或问题，最后提出自己的看法与建议，这是一个相对完整的论文写作过程，也是一个重视规范、重视质量、重视逻辑训练的专业学习过程。这类训练越扎实、越严谨，自身对事物的观察、分析越深入，解决方案越全面、客观。这对于即将服务于文化艺术行业的青年学生来说，是一次宝贵的学习与成长经历。

常见误区二：本科在读同学没有写论文的能力，因此不需要写论文。

恰恰相反。同学们在大学毕业之后，都将走入社会寻求更高层次的发展。无论是通过应聘求职进入企业、事业单位工作，还是通过研究生的选拔考试在专业内继续深入钻研，都需要同学们具备对行业动向资料的收集能力，对行业发展敏锐的观察力，以及规范、得体的语言文字表达能力等。学术论文写作能够较为全面地对同学们进行综合能力训练。

常见误区三：本科论文随便写写就行，不过是做做样子。

论文写作锻炼的绝不只是同学的写作水平，还包括培养良好的诚

---

① 格里瑟姆. 本科论文写作技巧 [M]. 马跃，王灵芝，译. 大连：东北财经大学出版社，2015：5.

信意识、养成理性看待不同观点的习惯、尊重他人的看法与观念等。这些素养将对同学们形成健全的人格，以及未来的职业发展都带来深远、长期的益处。

第三节　文化艺术管理类学术论文的主要范围

自20世纪70年代末以来，我国文化艺术事业经历了较大的变革，也呈现了飞跃式的发展。文化艺术生活日新月异、文化艺术市场规模急速扩大、文化艺术消费形式层出不穷、文化产品的生产技术不断革新，采用单一的、传统的、计划式的文化艺术事业管理方式已不足以满足新的时代的社会需求。自20世纪末开始，旅游管理、公共事业管理（文化艺术管理方向）、会展经济与管理、文化产业管理、艺术管理、非物质文化遗产保护等专业陆续开展建设，一些高校还在上述及相关专业下，细分了剧场管理、音乐艺术管理、节庆策划与管理等方向，旨在培养更富有时代色彩的青年人才，建设与社会日益壮大的文化艺术行业相适应的人才队伍。这类专业以传统的艺术学、管理学、经济学、历史学、哲学等学科为基础，同时具有很强的时代性、复合性特点，既重视通过扎实的理论学习，增强学生的文化素养，也重视通过实践、实习、项目策划与执行等，培养学生对社会需求的适应能力。

一般说来，每个专业所确立的人才培养方向不同，教学训练重点、学术研究的方法、学术论文写作的范式也有所不同。作者撰写文化艺术管理类学术论文前，应当充分阅读专业论著与文献、接受系统课程训练，对专业的核心概念、范围与特点形成深刻的认知，以达到所构想的选题能够体现本专业的主要聚焦内容的水平。我国自设立文化产业管理、艺术管理等专业以来，学界便围绕中国文化艺术行业发展的特性与背景，对其"管理"的特点展开了讨论。

胡惠林在《文化产业与管理》当中将文化产业管理研究的基本内容分为：①文化产品的本质和价值形式；②微观管理，如企业的经营活动；③中观管理，如区域文化产业发展与协调问题、文化产业各行业的管理与协调发展的问题等；④宏观管理，如保持产业供需的基本平衡，促进结构优化，引导文化产业持续、快速、健康发展等[①]。在校学生还处于对专业知识进行学习与积累的阶段，掌握文化产业中观管理、宏观管理方面的理论知识还存在困难，以宏大的视角切入后撰写论文容易流于表面，泛泛而谈。相较之下，以某个企业的经营活动、某类文化艺术作品的生产与消费、某个平台对文化艺术作品的传播等微观方面为切入点进行调查分析，归纳其管理特点与效果，从个案经验反映行业规律，这类选题的难度较为适宜。

张友臣所编著的《文化产业管理学》当中指出，文化产业管理涉及受文化产业活动影响的各个方面，如对文化活动的管理、对文化产品生产过程和质量的管理、对文化服务企业的管理、对文化资源的管理、对国家文化产业政策的管理等[②]。同学们在设计选题方向时，亦可参考以上归纳，从文化活动、文化产品、文化企业、文化政策、文化资源等角度寻找研究的兴趣点。

艺术管理与文化产业管理之间既有区别，又存在交叉点与共同点。余丁指出艺术管理的三大任务：一是在表演或展览上追求艺术的卓越与真诚；二是使艺术组织更具亲和力；三是将可获得的资源的效益最大化[③]。学

---

① 胡惠林. 文化产业与管理［M］. 天津：南开大学出版社，2007：213-219.
② 张友臣. 文化产业管理学［M］. 福州：福建人民出版社，2013：8.
③ 余丁. 艺术管理［M］. 北京：高等教育出版社，2008：13.

术论文的选题也可从这三大任务入手，结合实例分析艺术机构与观众、专家有效沟通的方式；艺术管理者调适与观众的关系、拓展观众的经验；艺术机构对商业模式的设计与实践等。

吕艺生等人则认为：艺术管理学既要研究管理体制，研究艺术管理中的领导、法规、行政系列等人们通常关心的问题，更要研究艺术生产、艺术供求和艺术销售等原则与方法，使艺术生产形成一个与社会同步发展的良性循环①。写作者可从文化艺术相关政策、文化艺术生产市场、文化艺术品的营销策略等方面着眼，深度分析典型个案，并基于此提出自己的观点。

旅游管理、会展经济与管理、博物馆管理、音乐艺术管理、剧场管理、文化遗产管理等，均与文化艺术行业发展有着密切联系。写作者在计划论文选题时，注意选题方向、研究内容与重点、研究价值等方面，与本专业或专业方向所涵盖的范围密切相关，以便最终的研究成果能够有效地服务这些领域的健康发展。

1. 学术论文有哪些特点？
2. 学术论文写作要经历哪几个阶段？
3. 自己所学的专业有哪些经典的学术著作？

---

① 吕艺生. 艺术管理学［M］. 上海：上海音乐出版社，2004：2.

第二章

选题准备

◉ **本章重点**

- 提出选题方向；
- 缩小选题范围；
- 进行题目设计。

撰写学术论文与其他科研活动、科研项目一样，都是系统性的工作，合理的工作流程将对有效达成工作目标起到十分重要的作用。在正式开始撰写学术论文之前，作者应当先做必要的准备，对选题方向、选题价值与意义都形成清晰的认识，并以此为前提，提出自身感兴趣的研究方向，围绕该方向，充分研读其他学者已经产出的研究成果，对研究的基础条件和行进方向做到心中有数。

第一节　提出选题方向

"选题方向"即这篇论文主要"关于什么"的问题，体现论文所讨论主题的大致范围。文化艺术管理类的专业面向文化艺术领域培养管理人才，研究的方向非常丰富，彼此之间亦有很多相融与交叉。对初学写作者来说，宏观、宽泛的选题不易入手，因此，要有意识地训练自己将"开放思维"转换为"收敛思维"的意识，能够将感兴趣的话题聚焦到某个切入点，适当缩小选题范围与主题。

一、列出选题的意向范围

• **结合专业书籍列出意向选题范围**

归根结底，学术论文是在某（几）个学科、专业范围内进行的学术研究与探讨，写作者必须对本专业的理论著作、有较高知名度与学术影响力的书籍有着比较充分的了解。如前文所述，许多学者在论著中对专业研究范围、关键概念等予以了界定，写作者可以在专业领域内得到广泛认同的论述为指引，结合自身的兴趣与关注点，如表 2-1 所示，在文化生产、传播、流通、接受等各个环节中寻找典型的人物、个案、现象、规律、模式等，从中探寻具有学术研究价值的选题方向。

表 2-1 结合专业研究范围提出对应选题方向

学界提出的本专业研究范围	个人兴趣方向
对文化活动的管理	音乐节项目运作方向 艺术展览项目运作方向 文化旅游项目运作方向
对文化资源的管理	民俗旅游资源保护与开发方向 生态文化资源保护方向
对文化产品生产过程和质量的管理	文物资源转化为文创产品方向 文化作品的改编方向 非物质文化遗产生产性保护方向
对文化产品流通过程的管理	文化产品的传播方向 文化产品的市场营销方向 艺术品的拍卖方向
对文化服务企业的管理	知名文化企业运营方向 文化艺术教育与培训方向 文化艺术空间场所运营方向 文化艺术产业园区运营方向
对文化政策的管理	非物质文化遗产保护政策方向 文化旅游业高质量发展方向 公共文化服务提供方向
对艺术表演观众的管理	观众拓展策略方向 观众服务提升方向 观众体验的调查与分析方向

- **结合权威文件列出意向选题范围**

官方文件或权威意见也可为选题方向提供指导。2018 年 4 月，国家统计局发布了《文化及相关产业分类（2018）》，这份统计标准中，将新闻信息服务、内容创作生产、创意设计服务、文化传播渠道、文化投资运营、文化娱乐休闲服务六大门类列为文化核心领域，将文化辅助生产和中介服务、文化装备生产、文化消费终端生产三大门类列为文化相关领域。此外，还有 43 个中类和 146 个小类，比较全面地描述了以文化艺术为资源所形成的产业形态。如表 2-2 所示，文化艺术管理相关专业的同学可以借助这份统计标准，结合文化艺术市场中具体表现的服务、内容、业态等，列出感兴趣的选题方向。

表 2-2　结合文化与相关产业分类标准提出选题方向

类别代码①	说明②	论题方向（参考）
0211	书籍出版、课本类书籍出版和其他图书出版服务	图书出版方向
0211	电影、电视和录像（含以磁带、光盘为载体）节目的制作活动，该节目可以作为电视、电影播出、放映，也可以作为出版、销售的原版录像带（或光盘），还可以在其他场合宣传播放，还包括影视节目的后期制作，但不包括电视台制作节目的活动	贺岁电影方向
0233	网络（手机）文化服务，史料、史志编辑服务，艺（美）术品、收藏品鉴定和评估服务，街头报刊橱窗管理服务和其他未列明文化艺术服务	艺术品在线拍卖方向
0243	应用软件开发中的多媒体软件、游戏动漫软件、数字出版软件开发活动	手机应用方向
0253	对具有历史、文化、艺术、科学价值，并经有关部门鉴定，列入文物保护范围的不可移动文物的保护和管理活动；对我国口头传统和表现形式，传统表演艺术，社会实践、节庆活动，有关的自然界和宇宙的知识和实践，传统手工艺等非物质文化遗产的保护和管理活动	文化遗产保护、传承与弘扬方向
0254	收藏、研究、展示文物和标本的博物馆的活动，以及展示人类文化、艺术、科技、文明的美术馆、艺术馆、展览馆、科技馆、天文馆等管理活动	文化艺术场馆运营方向
0522	政府部门的文化产业园区管理服务	文化艺术园区管理方向
0621	主要为人们提供休闲、观赏、游览以及开展科普活动的城市各类公园管理活动	旅游景点、公园等管理方向
0631	以农林牧渔业、制造业等生产和服务领域为对象的休闲观光旅游活动	乡村旅游、特色小镇旅游方向
0751	策划、组织、实施各类文化、晚会、娱乐、演出、庆典、节日等活动的服务	音乐节、剧目表演方向

---

① 指国家统计局制定的《文化及相关产业分类（2018）》中的类别代码。
② 指国家统计局制定的《文化及相关产业分类（2018）》中与类别代码对应的说明。

2023年2月22日，文化和旅游部非物质文化遗产司发布了《文化和旅游部关于推动非物质文化遗产与旅游深度融合发展的通知》，当中清晰地提出了八大重点任务，分别是：①加强项目梳理；②突出门类特点；③融入旅游空间；④丰富旅游产品；⑤设立体验基地；⑥保护文化生态；⑦培育特色线路；⑧开展双向培训。如表2-3所示，围绕八大任务，结合自身的专业背景与兴趣，可提出相应的选题方向。

表2-3 结合《文化和旅游部关于推动非物质文化遗产与旅游深度融合发展的通知》提出选题方向

重点任务	任务描述（部分）	选题方向（参考）
加强项目管理	各地文化和旅游行政部门要对本地区各级非物质文化遗产代表性项目进行梳理，遴选体现中华优秀传统文化核心思想理念、传统美德、人文精神，为当地民众广泛认可、特色鲜明的非物质文化遗产代表性项目	基于非物质文化遗产项目的田野调查方向
突出门类特点	深入挖掘民间文学的价值和精神内涵，讲好当地传说故事，让游客了解地方历史文化	民间歌谣、传说、故事研究方向
融入旅游空间	对在旅游空间范围内传承的非物质文化遗产代表性项目，要加强保护传承，提升展示利用水平	旅游景点与非遗项目融合发展方向
丰富旅游产品	鼓励将非物质文化遗产或相关元素融入国家文化产业和旅游产业融合发展示范区、夜间文化和旅游消费集聚区、主题公园、旅游饭店，融入机场、高铁站、高速公路服务区、游客服务中心等相关基础设施建设	非物质文化遗产主题公园建设方向；非物质文化遗产夜间市集组织方向
设立体验基地	非物质文化遗产馆、传承体验中心（所、点）、非遗工坊、项目保护单位等设施场所要增强互动演示、体验教学等功能，面向游客提供体验、研学等旅游服务	非物质文化遗产展示与数字化手段方向
保护文化生态	鼓励文化生态保护区和有条件的传统村落、古街、古镇设立非遗工坊、展示厅、传承体验所（点）、代表性传承人工作室等	文化生态保护区调查方向

续表

重点任务	任务描述（部分）	选题方向（参考）
培育特色线路	推出非物质文化遗产特色旅游线路，加强推介宣传，发挥典型带动和示范引领作用	非物质文化遗产主题线路、精品线路、特色线路方向

注：重点任务是指《文化和旅游部关于推动非物质文化遗产与旅游深度融合发展的通知》中所提出的重点任务。

任务描述（部分）是指《文化和旅游部关于推动非物质文化遗产与旅游深度融合发展的通知》中对任务的描述摘录。

练习 请结合自己所学专业，查阅最新的权威文件，结合自己的兴趣，列出3～5个选题方向。

● **结合课程内容列出意向选题范围**

文化艺术管理类课程设计的综合性、交叉性比较强，专业课程、知识体系丰富多元，包括文化艺术理论、文化艺术史、文化经济学、管理学、项目策划与管理、市场营销、媒介传播、非物质文化遗产保护与传承、影视文化、人类学、艺术社会学等。同时，各高校根据自身办学优势与人才培养目标，开设了一些特色课程，也依托当地文化资源特色，积极与文化艺术企业、文化事业单位合作，建设产学研平台，组织社会实践活动，提升学生的实践能力。写作者可以对课程作业、期末论文、课间讨论、课外实践等一一进行回顾，从中寻找自己感兴趣的方向。

示例1

在"非物质文化遗产传承与保护"课程中，进行了"傣族慢轮制陶技艺更适合以高端产品作为主要开发思路，还是更适合以大众产品作为主要开发思路"这一主题的辩论。论文写作者便可结合在辩论中所选择的持方和阐述的论点，提出相关的论题方向，如"傣族慢轮制陶产品的市场调研方向""品牌管理视野下傣族慢轮制陶技艺的保护与开发方向""文旅融合背景下傣族慢轮制陶技艺保护与传承方向"等。

示例 2

在"博物馆馆藏与展览"课程中,讲解了三星堆博物馆展示的代表性馆藏文物。论文写作者便可由此延伸,提出相关的论题方向,如"三星堆博物馆文物的文创产品开发方向""馆藏文物元素在家居用品设计中的运用方向""数字技术在文物活化利用中的应用方向"等。

- **从学习期间参加的实习、实践活动中挖掘信息**

文化艺术管理相关专业比较重视课堂教学与社会实践的结合。学习期间,学生通常有过与专业学习相关的实习、实践、志愿者服务经验,或是走访、参观文化艺术机构的经历。写作者若对某个活动有亲身参与的经验,对某个企业、单位、组织的运作方式、创新之处积累了一手资料,那么无形之中已经形成了写作的优势和研究的基础。如表 2-4 所示,同学们可以以实习、走访活动期间自己的心得、日记、笔记,收集的图文、音视频资料为基础,一一进行梳理,挖掘对自己有所启发的信息。如果从中发现亮点、特色,或是感知到行业的不足,以及需要完善与加强建设之处,都能够作为论文的切入点。

表 2-4 结合实习、实践、参观活动提出选题方向

实习、实践、参观活动	选题方向(参考)
环球影城参观活动	环球影城管理与服务方向
建水紫陶文化创意产业园参观走访活动	紫陶文化与旅游融合发展方向
担任云南省博物馆志愿者经历	云南省博物馆志愿者队伍建设方向
担任"滇越铁路"摄影展志愿者经历	工业遗产保护方向
参与"城市名片"建筑设计项目	城市文化品牌传播方向

- **从其他学者的论文中寻找参考**

中国有着上下 5000 年的悠久文明,形成了许多典型的文化艺术活动形态,如戏曲、舞蹈、音乐、工艺、美术、口头文学等。这些文化艺术形式在民间流传开来,结合各地民众的生活习惯、审美追求、地方传统,又形成了各自的特点。许多学者便着眼于地方性知识的表现、特征、源流

等，在"大传统"背景之下，书写各地的"小传统"，极大地补充与完善了中华民族的文化艺术的资料记录与研究成果。如表2-5所示，这类研究视角也可以为正在挖掘选题的写作者提供"横向"参考，从相似或相异的维度提出选题方向。具体而言，如近年来对传统戏曲展开抢救性保护的呼声很高，有些学者针对京剧的保护路径提出建议，有些学者总结了昆曲、黄梅戏、梆子戏在传承与传播方面的经验，同学们可以从这些研究中更深入地思考：本地的传统戏曲是否也面临着保护与传承的挑战？是否能够借鉴京剧、昆曲的研究方法，对本地戏曲展开调查研究？抑或本地的传统戏曲生存条件良好，形成了丰富的本地经验，可否给其他地区以参考借鉴？

表2-5 参考其他学者的研究成果提出选题方向

已公开发表成果名称	选题方向（参考）
《从青春版〈牡丹亭〉管窥新时期昆曲的创作与传播》	傣剧、彝剧、花灯、黄梅戏传播方向
《粤东客家木偶戏剧本的艺术特征》	滇剧剧本创作方向
《无文字民族的口头文化遗产抢救与保护——基于知识产权视角》	哈尼族四季生产调保护方向
《从生活事象到艺术展演——湘黔桂三省"大戊梁歌会"的现代变迁》	壮族歌圩与民族文化传承方向
《"传承、建构"语境下民族音乐舞台表演的转型与变革——以原声音乐在艺术舞台与文旅展演中的离场与嬗变为例》	地方演艺品牌的构建与社会影响方向

二、提出有研究兴趣的问题

写作者必须明确一点，学术论文的撰写基于专业学习，但又不同于专业学习。专业学习可以从零开始，拓展新知识、新方向，而研究应该体现出写作者在某一焦点上的前期积累，由此往更深、更精处钻研，并呈现出能代表自身阶段性研究水平的成果。简言之，选题方向应该是写作者所熟悉的，而不是全然陌生的。提出粗略的方向之后，写作者可结合专业课程的学习内容、文化艺术行业的新闻动态、其他学者的学术观点以及个人的关注点等，对感兴趣的内容等展开三个方面的思考。

一是对此前接触过的知识点与案例进行更深刻的挖掘；二是对自己不赞同的观点列出反对的观点与理由；三是对自己认同的观点，提出课程内容尚未覆盖的例证与角度。例如，新闻中介绍了传统节日期间的各种民间习俗，同学们便可就此提出疑问——民众在节日期间通常产生哪些方面的消费？民俗节日与文化消费之间呈现出何种关系？又如，课程中介绍了歌谣、童谣、传说等民间口头文学，同学们可以进一步思考——以自己的家乡为例，这类口头文艺作品如今在以何种方式传承？是依然通过口耳相传，还是已经进行了规模化的收集与整理、出版？再如，媒体报道了数字化技术在博物馆直播中的运用，同学们便可以从相反的方向思考——数字化技术解决不了博物馆参观的哪些问题？数字化是否会导致传统文化形态的改变与价值的流失？如表 2-6 所示，当这类"反刍"式学习所激发的思考积累到一定程度的深度与厚度时，也能够从中产生具有学术价值的论文方向。

表 2-6　基于表 2-2 所示论题方向延展的提问

选题方向	延展提问
图书出版方向	传统文化在绘本类图书中是否有所体现 博物馆主题是否已经出版畅销书籍
贺岁电影方向	近三年国内贺岁电影呈现出什么样的特点
艺术品在线拍卖方向	国内运营最成熟的艺术品在线拍卖平台有哪些运营经验 数字藏品的拍卖有哪些值得研究的案例
手机应用方向	在学生群体中较受欢迎的社交媒体平台有哪些 受欢迎的原因是什么
文化遗产保护、传承与弘扬方向	非物质文化遗产保护如何与公众参与相结合 文化旅游与文化遗产保护之间是什么关系
文化艺术场馆运营方向	本市最知名的美术馆的运营特点是什么 本市有哪些不同主题的美术馆，观众分别有什么特点
文化艺术园区管理方向	本市文化艺术园区与市民生活的关系如何 本市文化艺术园区引入了哪些商业形态

续表

选题方向	延展提问
旅游景点、公园等管理方向	本市最知名的旅游景区有哪些突出的旅游服务 公园满足了老年群体的哪些精神需求
乡村旅游、特色小镇旅游方向	本市有哪些知名的特色村落 其文化特色表现在哪些方面
音乐节、剧目表演方向	国内较为知名的音乐节品牌有哪些 观众对它的评价是什么

　　问题是研究最好的引路者。"解决一个问题也许仅是一个数学上的或试验上的技能布局，而提出新的问题、新的可能性，从新的角度去看待旧的问题，都需要有创造性的想象力，而且标志着科学的真正进步。"[①] 在提出问题的过程中，作者也可以尝试着寻找答案。通过反复问答，能够进一步厘清自身的研究目的是什么，该选题方向是否具有深入调查、分析的可能性，是否具有学术层面的讨论意义，是否能够锁定一些典型的个案——例如，知名的品牌、产品、手机应用、景区等，为论文的后续写作提供丰富的案例与材料支撑。总之，写作者在这一环节可以逐步缩小研究范围，慢慢降低选题的模糊性，增加清晰度，提升由个人兴趣点带来的选题独创性，由"提出选题方向"向"设计论文题目"靠拢。

提出选题方向时的几个任务

任务一：记录与专业相关的疑问；

任务二：记录每个疑问中自己已有的观点；

任务三：圈出疑问中的关键词；

任务四：如果一个方向有多个疑问，按照自己感兴趣的程度将它们排序。

---

① 爱因斯坦，英费尔德. 物理学的进化[M]. 周肇威，译，长沙：湖南教育出版社，1999：66.

第二节　查阅选题研究动态

查阅选题研究动态在学术论文写作中是一个贯穿始终的活动。写作者提出拟研究的方向后，围绕所列出的关键词查阅并梳理相关文献、报道、政策与新闻等，对相同、相似方向的经典成果、最新成果、成果数量有所了解，较为准确地把握学界已达成共识、普遍运用的学术词汇，为下一步进行题目设计提供参考。查阅动态的途径与方式多种多样，既可以充分利用线下图书馆的馆藏资源，也可以通过电子文献库、数据库等渠道检索相关的公开资料、已发表的学术研究成果。现阶段的主要任务是筛选具有可行性的，并与自己的水平、兴趣、专业相适应的选题，因此可以先把重点放在自身感兴趣的方向有哪些代表性研究、前沿思想，以及已发表文献的标题描述上，为接下来的题目设计提供更清晰的思路。

一、查阅选题动态的类型

写作者可以通过多种渠道与方式查阅与选题有关的信息。

（1）对学术文献的查阅。写作者可以调取、查阅选题方向具有代表性的学术著作、论文等，从研究方法、研究范围、理论背景、学术观点等方面归纳已经发表的研究成果。在查阅文献的时候，要格外注重研究内容的"动态变化"——能够将不同时间阶段学者的研究焦点概括出来，并清晰把握最近 3～5 年内较有价值的新论点。

党的十九大报告中提出"乡村振兴"战略以来，围绕"乡村振兴"展开的研究总体呈现上升趋势。2017—2022 年，知网平台上收录与"乡村振兴"主题相关的学术论文达 10.03 万篇。其中，2017 年收录论文 606

篇；2018 年收录论文 1.19 万篇；2019 年收录论文 1.66 万篇；2020 年收录论文 1.58 万篇；2021 年收录论文 2.22 万篇；2022 年收录论文 2.82 万篇[①]。2017—2018 年，学者们较多着眼于乡村振兴战略实施与推进的路径、模式、制度等，如《创新城市融合机制：乡村振兴的理念与路径》（陈晓莉，吴海燕）、《乡村振兴背景下农村公共服务供给机制的创新及实现路径研究——基于内生性供给的理论视角》（冷忠燕，靳永翥）、《乡村振兴战略的资金保障机制——美国农场信贷体系的启示》（刘姣华）等。随着这一战略在各地的不断深入落实，乡村振兴进程中如何提升村民的"内生动力"，如何让科技、数字化、文化为经济赋能，如何建设与中国乡村相适应的人才队伍等话题的紧迫性变得更强，围绕以上方向，各界也产生了一批研究成果，如《乡村振兴视域下地情文化资源服务乡村公共文化"内生"发展的逻辑与路径》（黄文记）、《金融科技赋能乡村振兴：国际经验、中国案例与启示》（陈继明、朱睿博）、《政党下乡、角色建构与乡村振兴——基于驻村第一书记制度的考察》（何阳）等，为当前及下一阶段的乡村振兴工作提出了聚焦式探讨。

写作者在构思选题方向时，要通过文献查阅，对选题研究的脉络进行梳理，及时把握当下社会各界所关注的议题，令选题富有时代意义。

学术文献数字资源检索平台

国家哲学社会科学文献中心：http://www.ncpssd.org/

中国国家图书馆·中国国家数字图书馆：http://www.nlc.cn/

中国知网：https://cnki.net/

万方数据库：https://www.wanfangdata.com.cn/index.html

超星期刊：https://qikan.chaoxing.com/

---

① 数据来源：中国知网平台检索获得。检索时间：2023 年 11 月 25 日。

全国图书馆参考咨询联盟：http://www.ucdrs.superlib.net/
PubScholar 公益学术平台：https://pubscholar.cn/
维普网：http://www.cqvip.com

（2）对文化艺术相关职能部门与机构、企业公开信息的查阅。文化艺术行业的健康发展与政府部门的监管、调控、引导有着密切的关系，从各级政府部门出台的行业政策中能够反映出行业发展的状况、前一阶段的经验、待解决的问题、待调整的方向、下一阶段的重心，从中获知各部门、各企业对行业发展目标的定位、采取的措施等。具体而言，写作者可从文化和旅游部网站便捷地查看每一年度、季度的旅游数据，包括星级饭店和旅行社的数量、接待人次、经营情况等统计报告，在为与文化旅游相关的选题做前期准备时，便能由此了解最新的、权威的参考资料。写作者也可通过各大文艺院团的网站知晓作品排演、赛事活动、票务运营等方面的动态，从而帮助自己能从更广阔的行业背景、社会背景着眼，更深层次地把握论题研究的意义。

文化艺术业相关网站

文化和旅游部：https://www.mct.gov.cn/

文化和旅游部民族民间文艺发展中心：https://www.cefla.org.cn/site/index

国家统计局：http://www.stats.gov.cn/

国家新闻出版署：https://www.nppa.gov.cn/

国家知识产权局：https://www.cnipa.gov.cn/

国家广播电视总局：http://www.nrta.gov.cn/

国家林业和草原局　国家公园管理局：http://www.forestry.gov.cn/

国家互联网信息办公室 http://www.cac.gov.cn/

国家文物局：http://www.ncha.gov.cn/

中国艺术研究院：https://www.zgysyjy.org.cn/

故宫博物院：https://www.dpm.org.cn/Home.html

中国国家博物馆：https://www.chnmuseum.cn/

中国文化传媒集团有限公司：https://www.ccmg.cn/

国家京剧院：http://www.cnpoc.cn/

中国国家话剧院：http://www.ntcc.com.cn/

中国歌舞剧院：http://www.cnoddt.com/

中国东方演艺集团：http://www.dfyanyi.com/index.html

中国交响乐团：http://www.cnso.com.cn/

中国儿童艺术剧院：http://www.cntc.org.cn/

中央歌剧院：http://www.chinaopera.com.cn/

中央芭蕾舞团：https://www.nbc.cn/

中央民族乐团：http://www.ccno.net/

中国煤矿文工团：http://www.ccmat.net/

中国数字文化集团有限公司：https://www.cdcgc.com.cn/

中国国家画院：http://www.cnap.org.cn/cnap/

中国美术馆：http://www.namoc.org/

中国动漫集团：http://www.acgnet.cn/

中外文化交流中心：https://www.cice.org.cn/

国家艺术基金：https://www.cnaf.cn/index.html

（3）对知名媒体报道的浏览阅读。文化艺术行业是数字化技术应用的前沿阵地，活跃着大量新媒体与新技术。许多在行业中颇有影响力的视点、人物、媒介，都在通过网站、社交平台、App 等分享新技术、新动态与新信息，高知名度、高影响力的新媒体在行业信息的交流与互通中发挥了重要作用。2020年，"元宇宙"这一概念兴起，人民网、光明网、中国日报网等媒体报道了大量与之相关的新闻，从体验展馆的建设、数字经济新模式的构建，到"元宇宙"与人们日常生活的互动、"元宇宙"为文化创意人才带来的就业机会等，均有文字、影像报道。2023年11月8日，中国电信研究院战略发展研究所在2023年世界互联网大会乌镇峰会的现场向媒体公开发布、推介了《2023元宇宙产业发展白皮书》，在对"元宇宙"产业全貌及现状进行深刻剖析的基础上，对元宇宙产业场景构建了评估模型，为各地区、各企业提供了更具科学性的参考。因此，查询媒体网站上的报道、采访等，对于及时了解行业发展动态也是必要的一环。

新闻网站

人民网：http://www.people.com.cn/

光明网：https://www.gmw.cn/

中国网：http://www.china.com.cn/

国际在线：https://www.cri.cn/

新华网：http://www.xinhuanet.com/

中国青年网：https://www.youth.cn/

中国日报网：http://cn.chinadaily.com.cn/

央广网：http://www.cnr.cn/

除此之外，一些未经正式出版的讲座内容、会议记录，以及在文化艺术空间、场馆中公开展示的介绍性资料等，也可以作为参考资料之一。

二、理性分析资料与选题的关联

选题相关的资料,尤其是已公开发表的文献,对判断选题价值、可行性、创新性有一定的参考价值。一方面,写作者可以从检索数量上进行初步判断。如图 2-1 所示,如果检索到的文献结果数量较为庞大,意味着这个方向已经产出了大量成果,写作者应当对文献进行细类的梳理,在总结前人研究的基础上,评判自己是否能在当中找到具有创新性的视角。如果文献过少,则有可能存在检索词设置不合理、不全面、选用词的学术性不够强等问题。当然,也有可能是该现象、产品和技术目前还处于初步状态,比较薄弱、不稳定,尚未吸引学术研究的目光。最后,还存在学者对某些方面的关注点不够,形成了相对空白的研究领域的情况。我国自 2004 年加入联合国教科文组织发起的《保护非物质文化遗产公约》以来,开展了一系列的非遗保护工作,在各级非遗清单的普查、评审与编制上,投入了大量的心血和精力,针对各个非遗项目的追踪、调查、研究也十分丰富。知网平台上以"非物质文化遗产""非遗"为检索词,总共可得到检索结果约 5 万条。若再对各个项目进行检索,则会呈现出研究对象与研究重点的差异性来。例如,2006 年被列入第一批国家级非遗保护名录的"梁祝传说"项目,知网平台所收录的相关研究文献达 2100 余条,角度也较为多元,涵盖了对梁祝传说的溯源、对变迁与传播的考证,这一传说在歌剧、越剧、乐曲等艺术形态上的体现,以及梁祝传说在乡村振兴背景下的内涵与外显等各方面。而 2021 年列入第五批国家级非遗保护名录的"傣族白象、马鹿舞"项目,在知网平台的收录结果比较少,总数不及 10 条。从检索结果上反映,近些年对非遗的研究热度处于比较高的水平,而那些新近列入保护名录、传播范围有限、地方性特色比较明显的项目,无论是对其历史渊源、传承与保护的路径探析,还是与现代社会的融合,都还存在研究的空白点,有待补充新的研究成果。

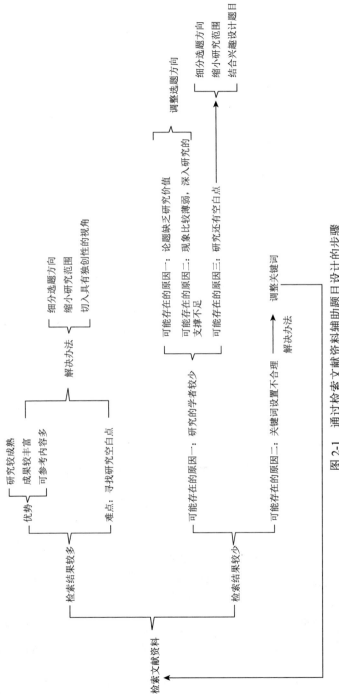

图 2-1 通过检索文献资料辅助题目设计的步骤

此外，写作者要注意各个检索平台的结果差异。2011年列入国家级非物质文化遗产保护名录的项目"坡芽情歌"，在漫长的传承史与传播史当中，它又被称为"坡芽歌书"。在国家哲学社会科学文献中心以"坡芽情歌"为检索词，查询结果仅有3条；以"坡芽歌书"为检索词，查询结果显示为35条；以"坡芽"为检索词，查询结果显示为39条。在知网平台以"坡芽情歌"为检索词，查询结果为36条；以"坡芽歌书"为检索词，查询结果显示为116条；以"坡芽"为检索词，查询结果则有184条。因此，写作者对检索结果不能一概而论，也不能轻易肯定或否定，要对比多个数据平台与关键词的检索结果后，再进行综合判断。

对于地方性文化研究来说，中国地大物博，地方文化丰富多元。我国各个城市、县（区）、乡村还有大量颇有研究价值的个案有待挖掘，同学们结合专业知识，对自己熟悉的家乡文化进行研究并撰写学术论文，也是一个能够发挥自身优势的方法。

示例

如表2-7所示，围绕"传统文化在绘本类图书中的体现"这一选题方向，可将切入角度收缩到"传统文化与绘本的结合""绘本与儿童教育的关系""绘本在教育中的创新"等范围，列出"传统文化""绘本""儿童教育""教育""创新"等关键词，并在知网数据库中进行检索。

表2-7 "传统文化在绘本类图书中的体现"选题相关检索结果

检索方向	检索关键词	检索结果（条）
传统文化与绘本的结合	传统文化 绘本	1619
绘本与儿童教育的关系	儿童教育 绘本	10433
绘本在教育中的创新	教育 绘本 创新	4049

由表2-7的检索结果可以看到，传统文化与绘本的结合、绘本与儿童

教育的关系、绘本在教育中的创新等方向检索结果都比较丰富，说明该方向已有不少学者关注、开展研究，并公开发表研究成果。同时，该方向已形成的文献资料比较多，可能面临着难以突显研究创新性的问题，需要结合写作者的兴趣爱好，缩小选题范围，以寻找现有研究相对薄弱的地带，体现个人视角的独特性。

假设在前期检索的基础上，继续细分选题方向为"传统节日在儿童绘本中的体现"，列出"儿童""绘本""节日"等关键词并检索，可得到283条检索结果。其中，发表于学术期刊的文献为54篇，收录于核心期刊、中文社会科学引文索引的文献共计9篇（如图2-2所示）。检索结果基本上呈阶梯状、递进式，既能够提供比较充足的参考和对比，寻找切入角度时还存在创新的空间与可能性，写作者可以结合自身兴趣进行题目设计。

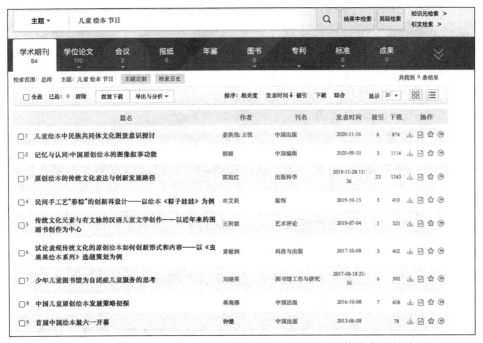

图2-2　以"儿童 绘本 节日"为关键词在知网平台上检索获得的结果

第三节　实地走访

任何科学研究活动都必须建立在充分事实的基础上。文化艺术管理类研究是一个与社会联系非常紧密的研究活动，行业、产业、企业的决策，无一不以大量的数据、资料、事实为参照，进而展开推论与研判。公开出版与发表文献需要一定的周期，文献中反映的行业发展典例、存在问题与建议必然有时间局限性。作者在确定论文题目之前，应当对社会企业、社会文化、文化艺术活动等开展必要的观察，增强对客观事实的了解。实地走访能够对选题设计起到几个方面的作用。

一是补充一手资料。写作者前往村寨、街道、文创园区、旅游景点、设计工作室、文化企业等地进行实践、观察，对当地的人流量、参观者行为进行实地观测，从消费者的角度感受热门景点的服务品质与管理水平，或与从业者进行直接交流，了解运营经验、技巧与面临的困境等，都能够大大增加写作者所掌握的一手资料的丰富性和独特性。

二是提高资料的可信度。每个研究者的视角不同，获取数据的渠道不同，论文写作时间也不一样，这些因素都可能造成信息差异与论点、论据的差异。写作者在查阅了文献资料中记录的相关数据后，仍可以通过切身实地走访，与文献数据进行对比，过滤过时的、不具备效力的资料与数据，提升研究过程中使用资料的科学性与可靠性。

三是增加对理论和实践之间界线与融合的理解。文化艺术管理类专业的学生除了掌握文化艺术理论知识外，还需要具备将理论灵活应用于文化艺术行业的能力，因此，论文主题往往与文化艺术市场、产品、品牌、传播、企业、艺术家、民间艺人、非遗传承人等相关联。理论的价值在于促进相关的观察①。写作者应当借助撰写论文的机会，将前期所参考的文献、在课堂中所学习的知识，用以充分地理解社会中的文化社会活动，并找到自身研究点的价值与意义。

当下已经进入互联媒体时代、数字信息时代，可利用的资料收集工具非常广泛。如果作者的选题是基于互联网、新媒体开展的，可以通过网络平台进行数据的统计与收集，《复古又创新：国风视频博主文化生产的实践逻辑》②《消费主义逆行：基于豆瓣反消费主义小组的网络民族志观察》③《网络思政视角下的高校网络虚拟社区问题研究——以微信"表白墙"为例》④等论文就是如此。总之，这一环节要尽量掌握一手资料，预判拟定的选题是否具备足够的学术研究价值、是否能够持续获得充分的资料与数据，是否可以保障研究的顺利进行。

第四节　题　目　设　计

题目是论文研究对象、研究重点的直接反映，应言简意赅，直击重点，凝练性强，切入点具有明确的针对性。初学论文写作者的题目设计尤其需要注意角度不宜过大、过宽，能够从聚焦某个具体研究对象入手，如表 2-8 所示，分析某类产品、某个文化艺术现象、某个文化企业的经营情况、文化艺术市场的某种商业模式等，会更具可操作性。总而言之，题

---

① 英国皇家人类学会. 田野调查技术手册［M］. 何国强, 译. 上海：复旦大学出版社，2016：21.
② 季芳芳, 王雪玲. 复古又创新：国风视频博主文化生产的实践逻辑［J］. 新闻与写作, 2023（9）：36-44.
③ 董天策, 何璇. 消费主义逆行：基于豆瓣反消费主义小组的网络民族志观察［J］. 国际新闻界, 2023, 45（5）：75-95.
④ 吴珩, 付丽. 网络思政视角下的高校网络虚拟社区问题研究：以微信"表白墙"为例［J］. 东北师大学报（哲学社会科学版）, 2023（1）：159-164.

目的范围应当在自己能够驾驭、掌控的范围内,以便能够按时完成写作目标。

表 2-8 选题聚焦点与题目设计示例

选题聚焦点	题目设计示例
文化艺术作品的生产	经典名著的"绘本式改编"研究——以×××(名著)为例 中国传统故事在儿童绘本中的传承与创新研究——以×××为例 航天类文创产品开发研究——以×××科学技术馆为例
文化艺术作品的流通	×××剧场/剧院基于互联网的演出模式与效果分析 基于城市休闲生活需求的露营商业模式分析——以××市为例 传播视角下×××节目策略及效果分析
文化艺术行业的服务	××地区青少年课外活动实践基地建设及社会影响研究 公共文化空间与市民美育的融合路径及社会效果研究——以××地区为例 ××社区传统文化普及类活动开展情况调查与分析
文化艺术行业的保障	知识产权保护在艺术创作群体中的运用研究——以×××创意园区为例 ××地区传统工艺类非遗传承人的知识产权保护现状调查 ××地区非遗传承人群培育机制研究

在进行题目设计的时候,必须考虑以下几个方面。

1. 自己对这个题目是否怀有兴趣

"兴趣"在学术论文撰写中具有十分现实的意义。第一,假如写作者此前对该主题已经抱有兴趣,意味着写作者对它已关注了一段时间,对该现象的动态、变化、典型个案都有所了解,掌握了一些资料,甚至已经形成一些学术观点。第二,当写作者对该主题怀有长时间的热情,论文写作过程中能够自然体现出对该方面信息的敏感性,获取信息、材料的难度更小,在论点与论点、论点与论据之间建立关联的能力更强。第三,在自己感兴趣的内容上,写作者更能展现出创造力与信心,更加具有持久钻研的动力。

对专业的兴趣不是从天而降的，需要主动发现和自觉培养。文化艺术管理及相关专业的同学可以有意识地提醒自己在日常生活中多关注行业发展、多阅读学术文献、多做读书笔记，积累对行业的认识，在未来的职业追求与个人兴趣爱好之间寻找结合点。例如，写作者所学的专业是文化产业管理、艺术管理、旅游管理、非物质文化遗产保护、市场营销、传播学……同时，感兴趣的事物是音乐、旅游、动漫、传统服饰、环境保护……可以结合对研究文献的查阅、对典型案例的关注，尝试在专业与兴趣的交集中设计将二者结合的论文题目，如"社区文化建设视野下音乐服务的应用研究""音乐游戏对幼儿社交能力的培养研究——以×××幼儿园为例""景区音乐对游客体验的影响分析——以×××景区为例""动漫人物形象中的传统服饰设计研究""环保类公益活动的传播路径与效果分析"等。

2. 这个题目是否关联到具体的研究对象？是否能获得具体数据或信息

初学写作者在设计论文题目时，通常最先想到的是一些比较全面、比较宏大的话题，如乡村振兴、艺术市场、数字化、传统文化保护等。诚然，这些词汇都反映了社会文化、经济发展的热点，也是未来将从事文化艺术行业的"准职业人"应当积极关注的背景，然而对于论文写作来说，只有宏观背景是远远不足以支撑一个完整的分析论证过程的。论文写作是一项非常具体的任务，"可操作性"对于任何计划撰写学术论文的写作者来说都是极为重要、极为现实的因素。因此，论文题目应当能够关联到具体的、可到达的研究对象，以便写作者能够踏实地前往实地开展调研活动，客观、全面地记录与研究对象相关的信息、资料与数据，理性地分析，并且多层次、多角度地阐述所发现的规律与特点，正视实际存在的困难或问题，提出具有可行性的建议，这些都是贯穿学术论文写作全程的基本要求。

自 2004 年加入联合国教科文组织《保护非物质文化遗产公约》以来，

我国对非遗保护轰轰烈烈地开展了一系列工作,"非物质文化遗产的保护、传承与弘扬"这一选题方向也受到了很多学者的关注。但这一方向涵盖的内容非常庞大:截至 2022 年,我国公布了 5 批,共计 1557 项国家级非物质文化遗产代表性项目,分属于民间文学、传统音乐、传统舞蹈、传统戏剧等 10 个类别①。每一类别、每一项目的存续情况不同,保护的方式也不能一概而论,要将非物质文化遗产项目作为一个整体,探索在当下社会中对其保护、传承与弘扬的模式与路径,不仅需要耗费很长的时间,还需要具备较高水平的理论功底与丰富的实践经验,驾驭起来存在现实困难。对"非物质文化遗产的保护、传承与弘扬"这一选题方向较为关注的写作者,应当结合具体的项目对范围进行收缩,以增加研究的可行性。"非物质文化遗产项目在旅游景点中的呈现与传承作用——以××为例""非物质文化遗产保护视野下××地区风筝技艺的传承研究——以×××工坊为例"这类题目,写作时就可以结合本地的旅游服务、非遗传承人等进行,通过实地调研、个体访问、景区走访等方式获取一手资料,对论文写作形成坚实支撑。

> **练习** 以下选题较宽泛,请结合兴趣,将它们改写为适合自己写作的论文题目。
>
> 1. 传统文化在当代社会中的传承;
> 2. 数字化技术在艺术品市场中的作用;
> 3. 艺术乡建模式在乡村振兴中的运用;
> 4. 传统节庆与现代消费;
> 5. 非物质文化遗产的创造性转化与创新性发展;
> 6. 城市文化资源与特色文化产业。

---

① 中国非物质文化遗产网,https://www.ihchina.cn/project.html#target1。

值得注意的是，以节日为主题进行学术论文写作，往往存在时间限制：大多数节日一年只有一次，实地走访的机会比较有限。写作者在选择民俗节庆类选题的时候，最好能够提前进行实地走访与资料收集，并做好充分、翔实的调研计划，避免出现写作过程中缺失资料而影响论文写作进度的问题。

3. 是否能针对研究内容中发现的问题提出解决方案

论文的选题设计是从提出问题开始的，但不能止于提出问题。"学术产生的源头是社会实践，学术发展的最终动能也转化为社会实践，社会实践中的矛盾和提出的问题是学术发展最根本和最强劲的推动力。"[1]格里瑟姆也认为，论文写作在促进作者思考和判断方面有着重大意义："学位论文写作可能是你第一次进行真正思考。通过写论文，你不仅能选择想要研究的主题和问题，还能锻炼你理解文章、衡量实验证据、得出个人判断的能力。"[2]如果说刚进入大学时，同学们对于专业的了解和认知几乎还只是一张白纸，那么经过一段时间的专业训练，到大三、大四阶段，同学们应该已经在这张白纸上描绘出了自己心目中的一些路线图。在撰写论文的时候，不仅能够从表面现象中发现问题，更重要的是具有客观、理性看待与分析这些问题的意识，充分结合自己在专业学习中掌握的知识，以及深度归纳的能力，来面对问题提出一些切实可行的解决思路与方案。

当今社会已经进入了高速发展的媒体时代、数字时代，人们的衣、食、住、行，处处都与数字媒介有关。许多非物质文化遗产的传承人年事已高，对于智能手机的使用、网络直播、电商平台、视频拍摄与处理等都不够熟悉，在非遗的展示与传承方面，也面临着现实的困难。在以"数字化背景下高龄非物质文化遗产传承人的数字化手段运用现状研究——以

---

[1] 张国刚，乔治忠，等. 中国学术史 [M]. 上海：东方出版中心，2006：3.
[2] 格里瑟姆. 本科论文写作技巧 [M]. 马跃，王灵芝，译. 大连：东北财经大学出版社，2015：5.

×××市为例"为题撰写论文的时候，写作者只看到存在的问题，对问题的描述、对现象的评判是远远不够的，还可以针对该地区高龄非遗传承人的传承现状，参考其他地区采取的办法，加入自己对数字媒介的了解，提出解决困难的建议或思路。例如，在社区、公益机构的帮助下，定期对传承人开展数字媒体使用培训，由代理团队、代理人帮助传承人运营数字媒体宣传账号，由文化部门组织团队，对传承人群的技艺展示、教学过程进行档案记录等。总而言之，写作者应当时刻牢记学者的社会责任感，在论文中完整地体现"关注社会—发现问题—分析问题—解决问题"这一思维过程。

4. 这项研究对社会是否能带来正面、积极的影响

虽然学术论文需要大量沉心静气的案头工作，但学术研究绝非一项将自己孤立于社会、孤立于他人、闭门造车的活动。文化艺术管理专业的同学未来可能会成为艺术家、演艺人员的经纪人，或是文化艺术项目的策划者、执行者、宣传者，也可能作为创业者、创作者，相对独立地从事与文化艺术有关的活动。无论在哪个具体的职位上，文化艺术管理相关专业的同学都无法回避这样一个问题：文化、艺术的创造活动，究竟是服务于创作者本人、以满足个人的经济追求、兴趣和喜好为目标，还是应当考虑社会需求、价值观导向？在今天这样一个传播时代，文化艺术产品一经生产出来，便存在着快速流向人们的视野、流向消费市场、流向互联网平台的可能。每个从事文化艺术活动的社会人，都必须考虑经自身策划、创作或参与生产的作品将对社会上的其他群体产生什么样的影响。在论文写作时，也同样要将自己对于艺术创造的价值观反映在其中，心怀要解决某个问题、让社会因此有所进步的理想。即使目前的能力还不能很好地、顺利地达到目标，也要埋下善意的种子。如同席勒所言："人生活在社会之中，因而置身于社会的道德与习俗之外是不适宜的，甚至是不允许的。既然如

此，人在选择他的事业时要倾听时代的需要和风尚，为什么不应是他的义务呢？"①

需要注意的是，在文化产业、艺术产业快速发展的社会中，文化和艺术管理类专业不可回避地关注着产业、市场、生产、制造、销售等经济属性比较强的领域，并为这些领域活动不断培养专业人才。但这并不意味着文化和艺术管理类专业就应当视经济利益为唯一的目标与追求，论文选题也并不是必须与经济直接相关。例如，"丽江古城民宿对纳西族文化的体现与传承研究""传统体育的符号化传播研究——以少林功夫为例""少儿美育视野下剪纸课程的设计与开发研究"等，这类选题的关注点都聚焦在传统文化的保护、传承与弘扬方面，体现了党的十九大报告中所提出的"推动中华优秀传统文化创造性转化、创新性发展"的精神。

5. 所选择的研究对象是否具有稳定性

一篇具有深度的论文写作周期通常比较长，写作者从收集资料、完成初稿，经过反复修改到定稿，全过程耗费 3～6 个月的情况并不鲜见。如果是毕业论文写作，从准备选题到最终完成所需要的时间或许更长。在这段时间里，研究对象的情况可能会发生改变，如企业进行了重大的业务调整、发生了重大的人事变动，监管部门出台了新的政策，项目运行由于资金、人员、设备、技术或其他原因而中断……这些因素都会影响后续写作的内容，甚至改变已经较为成熟的论文框架。当然，文化艺术市场发展十分迅速，其间各类现象有所变化是十分自然和常见的，对于写作者来说，面对研究对象的巨大变化，并由此对论文做出相应调整，是一件有难度的事情，本科、硕士在读阶段的同学更能感受到写作压力。因此，为了保障顺利完成论文写作，在选择研究对象或个案的时候应该注意几个方面：一是对象或个案应该具有典型性与代表性，一定程度上能够反映出某一行

---

① 席勒. 审美教育书简 [M]. 冯至，范大灿，译. 上海：上海人民出版社，2003：19.

业、某一地区、某一现象的共性；二是对象或个案能够被挖掘的素材足够丰富，在长达数月的写作中，可以持续为作者提供充足的调查内容和数据材料等；三是对象或个案比较稳定，不会在短时间内沉寂或消失。近几年，娱乐产业、电商行业发展十分迅猛，也出现了许多引人关注的个例，如突然走红的偶像明星、引发追捧的"爆款"节目、吸引观众眼球的"网红博主"等。假如该现象的风靡只是昙花一现，很快就消失在人们的视野中，那么后期的支撑材料获取将存在很大困难，分析、提出的结论也存在不准确的可能。因此，对当时比较热门、火爆、流行的现象和个案要更为谨慎与小心，论证的过程要更严密。

总之，撰写学术论文是一个将自己的所知、所想延伸到书面，并遵循一定的学术规范开展研究的方法。诚然，这一过程能让作者学习到很多新的知识，开拓新的视野，增长对社会、对行业的见识，并训练提出创新性观点的能力。人类的文化并非单纯地为被给予和单纯地为不言而自明的，相反地，人类文化乃是一种有待诠释的奇迹。但是，要从这种印象导出更深入的自我反省，则人类不仅先要对这种问题的提出感到有所需求和感到合理，还要进一步地去创立一些能够回答这些问题的独特的和自足的程序或"方法"。① 出于对研究有效性的考虑，在设计题目的时候，应当尽量选择一个自己比较熟悉，能提出清晰的观点，并对社会文化发展有积极影响的选题，而不是单有兴趣，没有任何实质性积累，或是出于博人眼球的目的，哗众取宠的选题。

1. 结合所学专业，列出3～5个自己感兴趣的选题方向。
2. 结合自己感兴趣的选题方向，查阅相关文献，梳理、归纳研究成果。

---

① 卡西尔. 人文科学的逻辑[M]. 关子尹，译. 上海：上海译文出版社. 2004：5.

第三章

选题论证

◉ **本章重点**

- 描述该选题研究的必要性与可行性;
- 描述该选题方向现有研究成果并作出评述;
- 描述作者开展该选题研究所采用的方法或视角;
- 描述作者对该选题研究结构的设计。

上一章谈到了准备选题、设计题目的几种方法，但列出题目并不代表该题目一定成立。学术论文写作是否能够顺利开展，还与几个重要因素直接相关：作者是否能够驾驭该选题；选题是否具有研究价值；观点是否清晰并具有逻辑性；作者是否能够持续获取所需要的资料与数据等。

在学位论文写作、科研项目申报工作中，一般要求在前期对选题进行充分论证，并提交开题报告或项目申请书，经过专家评审并获得通过后才能开始项目实施与论文写作。如果是一般的、自主性比较强的学术论文写作，在这方面没有严格的要求。但对于写作经验不足的青年学生来说，以开题报告的格式与要求为参考，对选题进行前期论证，依然是一个非常重要的步骤。开题报告通过，就意味着可以正式开始着手初稿写作了，如果开题报告中某些环节还在"卡壳"，或是处于模糊不清的状态，则表示该选题的意义、主要观点、创新等方面，还需要进一步论证，并做出相应修改。

开题报告的结构并不复杂，但各部分之间的逻辑关联性比较强，通过"为何产生该研究问题—前人如何研究该问题—本文将如何研究该问题—本文与其他人相比有何创新之处—本人的研究计划"等内容构成一条论证链，清晰有序地展现选题的主要内容和内在关系。如表3-1所示，开题报告一般包括几个部分。

表 3-1 开题报告书（通用型）

选题名称	
选题意义与背景	
研究动态	
选题主要内容	
选题创新点	
参考文献	
写作计划	

在下面的内容中，将一一解释各个部分的写作方式。

第一节 选题名称

选题名称即论文标题，一般题目的表述不超过30个字符，可用一句话表明，也可用主标题与副标题相结合的方式。尽管标题只是短短一两行字，却传递了论题中最重要、最关键的信息，因此，在构思标题的时候，选择的词汇、词组、句型一定要凝练、准确，能够反映专业或理论方向、研究背景、研究内容、调查范围、调查地点、研究对象等，令评审人员或读者能一目了然地捕获论文的核心信息。论文收口可以中等偏小，内容不宜过于宏大，篇幅在1万～2万字之间即可将论文撰写清楚的范围较为适合初学论文写作者。

例如：

"乡村振兴视野下××村文旅融合发展路径研究"标题中，较清晰地反映了该篇论文准备以当下全社会所共同关注的"乡村振兴战略"为背景，以××村为具体研究对象，对该村落在文旅融合方面所做的实践探索进行调查与分析。

"非遗保护视野下××地区风筝制作技艺传承现状调查"标题中，则体现了该篇论文关注的背景是非物质文化遗产保护，准备从××地区具有代表性的风筝制作技艺入手，以实地调查为基本方法，了解该项目保护与传承的现状。

"××地区青少年课外活动实践基地建设及社会影响研究"标题中，指出了该篇论文以青少年群体课外活动实践基地为研究对象，研究的主要内容围绕着此类基地的建设及产生的社会影响展开，而××地区限定了研究开展的范围。

"航天类文创产品开发研究——以×××科学技术馆为例"标题中，以"航天类文创产品"这一词组表明了调查对象，以"×××科学技术馆"指出了具体调查地点，再以"产品开发研究"表示了调研的重点内容。

"××地区传统工艺类非遗传承人的知识产权保护现状调查"标题中，调查范围限定于"××地区"，调查对象则是"传统工艺类非遗传承人"，调查的重点为"知识产权保护"。

练习一 围绕感兴趣的选题方向检索文献，记录 5～10 个具有参考作用的论文题目，并画出题目中的关键词。

例如：

<u>短视频版权共享</u>模式下<u>在线音乐</u>的<u>侵权治理</u>研究——基于交易的成本理论

课堂教学<u>互动课例</u>的<u>视频</u>分析——以线上与线下<u>语言阅读课</u>为例

<u>绘本</u>里<u>中华文化符号</u>的功能特征——基于"丰子恺儿童图画书奖"作品的分析

练习二 请在下列方向中任意选择三个方向，结合自己的兴趣，列出论文题目。

电影；音乐；节日；综艺节目；旅游；工艺；动漫；美术；运动

例如：

方向：电影

题目：创造性转化和创新性发展背景下传统文化元素在动画电影中的表现研究

第二节　选题意义与背景

选题意义与背景着重于阐述选题的来源。可以用几百字至千余字，围绕选题的时代背景、社会意义、理论价值等，简述研究内容在社会、行业中的代表性，言简意赅地指出该选题研究的开展将为行业、地区、专业等提供哪些方面的参考，或能够解决什么问题。

2018 年出版的《当代中国流行文化生成机制与传播动力阐释》一书便来源于天津市社科规划重点项目"当代流行文化生成机制与传播动力研究"（项目编号：TJXC08-007）成果。该书作者孙瑞祥在阐述该选题的研究意义时，简明扼要地指出该类选题在国家社科基金立项指南中已有体现，由此反映流行文化作为文化艺术领域的重要组成部分，针对性的研究受到官方重视。"我们注意到，近年来流行文化研究不仅成为学界热点，而且已经引起官方的高度重视，本论题符合国家近期对学术研究选题的指导性意见。检索显示，近年来，国家社科基金等立项指南中，已列入有关中国流行文化的研究项目。比如，在国家哲学社会科学研究'十一五'规划和国家社会科学基金项目 2006 年度课题指南中，就有'当代中国流行文化研究'这一选项。这也从侧面说明了该选题的理论价值和现实意义。"① 紧接着，作者又从开展流行文化研究的现实意义的角度作出阐释，强调在国际社会之间文化、经济紧密接轨的时代背景之下，当代中国流行文化的传播策略对国家软实力有着不容忽视的影响，并由此引出研究的重要性。"就实践意义而言，本论题以经济全球化和文化多样性为国际

---

① 孙瑞祥. 当代中国流行文化生成机制与传播动力阐释［M］. 北京：中国社会科学出版社，2018：11.

大背景,紧密契合转型期中国社会文化发展的特点,特别是政府提出要大力发展文化创意产业这一文化战略。该论题研究有助于我们进一步思考国家文化政策、法规对流行文化的发展产生什么影响;当代中国流行文化在跨文化传播策略上有什么经验教训;如何借鉴他国经验来制定中国的对内对外流行文化传播策略;如何通过文化传播提升国家'软实力',等等。"①

《论传统知识的国际法律保护》在开篇便阐明了选题的意义与背景。作者用如下文字简要地介绍了"传统知识"的概念与价值。"传统知识是指土著人民、传统社区或其他传统知识持有人的诀窍、技能、创新、做法、教导和学问。它是一种对人类社会生存与发展具有重要价值的资源。其价值主要表现为:保护生态环境、促进经济发展和保障土著人权这三个方面。"②接下来,作者叙述了传统知识对于世界各地社区发展的重要性:"近几十年来,随着现代科技的发展,原本只在传统社区造福一代又一代土著人民的传统知识越来越频繁地突破原有地域,成为现代科技的重要创新源泉,在涉及不同国家和不同地区的范围内被复制、传播和利用。"③在提出了对传统知识进行保护的必要性后,作者又阐述了传统知识目前面临的新问题以及问题的严峻性,以突出自身对此开展研究的时代意义。"传统知识面临存续危机;发达国家无偿掠压和跨国盗用传统知识的现象频频发生;传统知识持有者与使用者的利益诉求发生冲突;现有国际法律保护制度不能满足传统知识保护的需要等。"④在这个段落的末尾,作者简单明晰地以一句话总结了研究的目的所在。"如何解决这些问题,在利益平衡的基础上实现对传统知识的国际法律保护,成为当前备受关注的焦点议题。"⑤尽管在这段文字中,作者并未使用"选题的意义、目

---

① 孙瑞祥. 当代中国流行文化生成机制与传播动力阐释 [M]. 北京:中国社会科学出版社,2018:11.
②～⑤ 陈杨. 论传统知识的国际法律保护 [M]. 北京:知识产权出版社,2018:1.

的与背景"等说法，但从表述逻辑上看，已经十分清楚地表明了段落的大意。

实操示例

在"'生产性保护'视野下××地区风筝技艺保护与传承研究"的论题中，"生产性保护"在非遗保护工作体系里是一个专业概念，指的是将具备生产能力、市场潜力的非遗项目投入生产的方式，帮助传统技艺实现自我造血、自我培育的目标，为非遗带来活态、良性的发展。这一主张最早于2006年提出，2009年元宵节期间，文化部召开了"生产性保护"座谈会，带动了这一热词的升温，全国各地以本地具有特色文化底蕴与市场条件的非遗项目为核心，展开了大量的实践与研讨。在阐述选题背景和意义的时候，就可以从我国提出"生产性保护"的背景入手，叙述这类实践的思路、推行经验，以及对于非遗保护所发挥的作用。

接下来简要叙述"××地区"这一限定词——××地区的风筝技艺作为一种历史悠久的民间艺术，已经积累了精湛、丰富的制作技巧，放风筝这一民间娱乐活动长期存在于民间的休闲、游艺、娱乐生活中，是大众喜闻乐见的文化活动，具备良好的市场基础。

××地区风筝技艺的保护与传承目前面临的挑战也可以简要叙述，如社会生活变化、民众娱乐方式发生变化、风筝制作成本上升、从业人群减少等。该地区的风筝行业在应对这些挑战时，结合自身特点，探索了适合本地资源、本地市场的生产方式，在实践中取得了比较明显的成效。

综合以上几个部分的叙述，可以认为"'生产性保护'视野下××地区风筝技艺保护与传承研究"的选题，将为其他地区带来可借鉴的经验。

选题意义与背景在开题报告中属于统领性的内容，写作者能够从专业角度梳理题目是否具备研究的价值，如果是学位论文写作的话，还便于自己和指导老师预判该选题是否与专业学习要求相关，写作是否能达到学位审核的标准等。

第三节 研究动态

研究动态，也被称为"研究综述""文献综述"，是指以大量阅读论题相关的学术文献为基础，将研究成果进行分类、归纳、概括并予以阐述，最终引出写作者研究内容的必要性的部分。阅读学术文献，吸收其他学者的研究成果，知晓专业研究的经典论著，也关注专业发展的前沿动态，有利于写作者辩证地思考选题及主要观点的合理性。因此，阅读文献并整理清晰的线索，围绕各条线索撰写综述，是论文写作前期准备中非常重要的环节，也是拓展专业知识面的一条必经之路。如同《芝加哥论文写作指南》中所提及的："当你学着自己做研究的时候，你同时也在学着运用和评判他人的研究。"[1]

在 2001 年出版的《文化生产：媒体与都市艺术》一书中，作者追溯了"文化工业"提出以来，理论界对流行文化、精英文化、大众文化的学术讨论：20 世纪 30 年代，以德国法兰克福学派为代表，对大众文化发起尖锐的批判，认为大众文化同其他标准化的工业产品一样，建立在肤浅的细节基础上[2]。50 年代的美国大众文化理论家也认为，流行文化同样向消费者提供的是单一系列的思想和价值[3]。但作者认为这一看法并不公正——30 年代至 50 年代的通俗歌曲主要表现的是白人中上层阶级的爱情故事和价值观念。从 50 年代中期开始，电视、杂志、广播电台等大众传

---

[1] 凯特·L.杜拉宾.芝加哥大学论文写作指南[M].雷蕾，译，北京：新华出版社，2015：3.

[2][3] 克兰.文化生产：媒体与都市艺术[M].赵国新，译，南京：译林出版社，2001：2，5.

媒高度专业化、职业化地发展,并分化出多个类型,分别向特定观众提供文化产品。60年代,麦克卢汉认识到电视这一媒介具有重大的、革命性的意义,梅罗维茨由此发表了类似的观点:电视能够令原本处于不同阶层的观众得到同样的信息。这意味着,"媒介"不仅能够生产和传播文化,或许它本身就能够构成一种文化。80年代,斯诺提出,媒体自身的性质已经决定了其传播的特殊性。在梳理了文化生产的研究论述之后,作者认为,今天欧美在对流行文化与艺术方面展开的讨论主要是基于三个视角的延续:阶级文化、媒体文化和文化生产。而作者本人的论证重点,也是基于"结合这三种研究方法的综合模型能够理解录制文化在当代社会中的角色。"①

2021年之后,"元宇宙"概念兴起,耿国华、贺小伟等人在《元宇宙的智慧博物馆研究进展》中便从国际和国内两个方面总结了这一选题的研究动向,并从文物数字化采集、文物真实感重建、文物虚实结合智能交互技术、智慧博物馆沉浸式平台建设四个方面对国内外的研究成果进行比较,归纳为"在文物数字化采集方面,国际上的研究内容较集中,在方法上侧重于采集的精度和稳定性;国内研究内容较分散,在方法上侧重于采集的精度和特异性……文物虚实结合智能交互技术方面,国内的研究发展迅速……在智慧博物馆沉浸式平台建设方面,国外很多知名博物馆均进行了智慧建设,国内各项信息化建设工作正在稳步推进,实现由信息化向智慧化的转变……"②等异同。在对新近研究成果进行总结后,作者又提出:"目前,在有关元宇宙的构建设想中,希望人们可以在虚拟世界中借助第二身份聚焦形成虚拟客户群,在社群规模不断扩大的过程中,形成自己独有的运行体系与规则"③等对未来趋势

---

① 克兰. 文化生产:媒体与都市艺术[M]. 赵国新,译. 南京:译林出版社,2001:2,5.
②③ 耿国华,贺小伟,王美丽,等. 元宇宙下的智慧博物馆研究进展[J]. 中国图像图形报,2023,28(6):1567-1584.

的展望，指出"元宇宙"这一选题还将在运用技术上持续获得研究者的重视。

实操示例

以"生产性保护视野下×××地区风筝技艺保护与传承研究"为例，在知网数据库以"生产性保护""生产性保护＋手工艺""生产性保护＋传统工艺""生产性保护＋风筝""保护＋风筝""×××地区＋风筝""×××地区＋手工艺""×××地区＋传统工艺""风筝＋保护""风筝＋传承"等关键词及词组进行交叉、组合检索后，即可发现风筝保护相关的地方性研究非常丰富，遍布北京、广东、山东、河北、江苏、天津等地，由此可以看出各地对于风筝这一传统文化的保护与传承都非常重视，学者们注重结合当地文化生态背景对风筝技艺的保护的现状、经验与存在的困难进行调查、记录与分析。

接下来，再对代表性研究成果进行分类、提炼。学者们的研究大概从以下几个方面开展：以非遗保护为背景，探讨风筝制作技艺的保护与传承；着眼于风筝游乐活动，探讨以风筝为主题，与游艺活动、旅游活动结合的概况；以产业化为背景，探讨风筝市场的发展现状，并提出未来发展建议；关注将风筝作为元素，在创意设计中的运用；风筝与数字化手段的结合等。在撰写研究动态时，便可依照查阅文献后所获取的信息，对研究现状进行概括归纳，并列举出具有代表性的研究成果。

在《后扶贫时代相对贫困治理的长效机制构建》[①]一文中，对研究成果动态的归纳（摘录）方法如下。

> 随着我国绝对贫困的逐渐消除，相对贫困成为后扶贫时代学术界关注的热点，相关学者对相对贫困的内涵、概念、特点、影响、因

---

① 曾福生．后扶贫时代相对贫困治理的长效机制构建［J］．求索，2021（1）．

素、治理手段等做了大量探索性研究。关于相对贫困的内涵和概念，有学者认为，相对贫困是社会贫困的一种特殊表现形式，而不仅仅是一种衡量经济福利的方式[1]。

相对贫困表现为一种脆弱性、无发言权、社会排斥等社会层面的"相对剥夺感"[2]。也有学者认为相对贫困是一种收入水平相对于社会平均收入水平较低，难以维持正常的社会联系的状态[3]。

---

[1] [美] 乌德亚·瓦格尔. 贫困再思考：定义和衡量 [J]. 国际社会科学杂志, 2003, 1.
[2] [印] 阿马蒂亚·森. 贫困与饥荒 [M]. 北京：商务印书馆, 2001：25.
[3] 张青. 相对贫困标准及相对贫困人口比率 [J]. 统计与决策, 2016, 6; 曾晨晨. 农村居民健康对我国农村人口相对贫困的影响——以我国中西部地区为例 [J]. 农村经济, 2010, 9.

有的论题所研究的现象、个案带有比较强的地方性、局部性、细类性特征，如某项民间传统技艺、某个传统村落的旅游业、某个城市的工业遗产等。在查阅这类论题的文献时，写作者可能会发现国外学者对此展开的研究的确很少，甚至没能查阅到直接相关的著作与文献。遇到这种情况，可以适当调整检索关键词，查找阅读国外学者对于同类论题的研究成果。如表3-2所示，在查阅国外研究的时候，要注意中文、英文在词汇使用习惯上的差异，并了解学术界使用较广的术语，不能只是刻板地将中文直译为英文。例如，在研究国家级非物质文化遗产项目坡芽情歌时，拟题目为"非遗保护视域下富宁县坡芽歌书的保护、传承与发展研究"。显然，国外学者对云南富宁所流传的民间艺术——坡芽歌书进行专门性研究的情况比较少，网络文献平台能检索到的外文文献几乎是空白。因此，写作者可以检索"坡芽歌书"的上层属类——民俗、民间艺术、口传音乐、口头传统等，使用 folk music、music tradition、oral tradition 等关键词，寻找对自己有所帮助和启发的国外研究成果。

表 3-2　国外研究成果检索示例

论文拟题	查阅国外研究动态可用检索词
生产性保护视野下×××地区风筝保护与传承研究	Protection + traditional arts, protection + traditional crafts, intangible heritage + practices, Heritage + practices, preservation + crafts 等
乡村振兴视野下××村文旅融合发展路径研究	Rural tourism, Rural tourism + case, the Rural Revitalization, Tourism Village + model 等
××地区青少年课外活动实践基地建设及社会影响研究	Activities + pupil, After-school + activities, After-school + teenagers 等, adolescent 等

在查询、筛选有参考价值的研究成果时，要注意以下几个方面。

• 文献类型不必拘泥于期刊论文的形式，国内著作、国外译著、国外原著、学位论文、行业统计报告等都可以查阅参考。

• 既要查阅与论题相关的、发表于早期的经典理论，也要注意查看最近3～5年研究界关注的新焦点、新动向、新结论与新趋势。

• 查阅的同时整理文献阅读笔记，对有重要参考价值的文献进行着重标记，除记录文章的来源以外，同时记下发表时间、作者的主要观点、写作大纲、研究方法，以及对自己的写作启发等。

• 学术共同体形成的意义就在于各种理论、方法能够在兼容的背景里相互补充、相互学习，从而弥补知识盲区与盲点，推动彼此的进步与成长。因而，面向多元的理论、观点时，要保持开阔的思维与虚心、兼听的态度，避免随意否定或排斥其他学者的研究结论。

• 在列出每一个检索词（组）时，要将检索词（组）的近似词（组）一同列出，交叉检索并对结果进行对比，增加检索的准确性。

第四节　主 要 内 容

虽然这个环节还没有正式开始论文写作，但写作者需要以大纲的形式将论文的主体部分呈现出来，从多层标题中反映各部分之间的逻辑结构、层次关系、研究重点等，也就是通常说的"搭建论文框架"。文化艺术管理类的学术论文具有一定的应用性，除了能够反映作者对客观事实的关注能力、采集某一现象或事物充足的说明性资料的能力，以此为基础展开多角度、多层次的分析能力以外，还需要从中归纳经验、发现问题，最后针对问题提出具有可行性的建议。因此，写作题目虽千变万化，但写作结构有一定的模式化特点，并主要体现在以下方面。

- 论题聚焦的是有关 A 主题的研究，A 的概念界定是 A0；
- 对于 A 主题，已有研究成果体现为 A1、A2、A3…
- A 主题目前的情况是 A4、A5、A6…
- 通过对 A4、A5、A6 的观察与分析，可以归纳出正面的、积极的突出经验即 B1、B2、B3，与尚有欠缺的方面即 C1、C2、C3；
- 本论文认为 D1、D2、D3 等能够解决 C1、C2、C3 的问题，并带给其他地区、其他机构一些参考。

以上表述的含义可以用结构化的方式来呈现，也可以用简述式的语言来表现。结构化即结合论题列出目录，目录以不少于二级标题、不多于三级标题为宜。简述式即每个标题下用简短的语言对内容进行描述。各级标题用一个短句或短语概括要点，主要内容清晰有序，避免冲突、重复。同时，也要注意用词规整，同级标题的长短基本平衡。在《论非物质文化遗产资源在文化产业中的创造性转化和创新性发展》[①]一文中，一、二、三级标题的设计如下。

引言

一、创造性利用非物质文化遗产生产性保护项目发展文化产业

（一）非物质文化遗产生产性保护项目的产业开发特质

1. 物质特质明显

2. 地域特征鲜明

3. 经济价值突出

4. 产业链条完整

5. 品牌资源丰富

（二）非物质文化遗产生产性保护是更具生命力的保护传承和产业发展方式

1. 变静态保护为活态保护

2. 变被动保护为主动保护

二、创意性利用非物质文化遗产文化元素发展文化产业

（一）非物质文化遗产文化元素的重要特征

1. 传统文化元素的特征

2. 中国非物质文化遗产文化元素的内涵

（二）中国非物质文化遗产文化元素在发展文化产业中的价值

1. 挖掘非物质文化遗产文化元素的社会价值

2. 挖掘非物质文化遗产文化元素的经济价值

三、面向现代社会生活、市场经济和科技发展创造性利用非物质文化遗产资源发展文化产业

（一）面向现代社会生活

1. 用现代产业理念开发非物质文化遗产生产性项目

---

① 黄永林，纪明明．论非物质文化遗产资源在文化产业中的创造性转化和创新性发展[J]．华中师范大学学报（人文社会科学版），2018（5）．

2. 以现代审美思维利用非物质文化遗产文化元素

（二）面向现代市场经济

1. 适应现代大众消费需求，提高非物质文化遗产产品的吸引力

2. 利用现代文化品牌战略，提升非物质文化遗产产业的竞争力

（三）面向现代科技发展

1. 利用现代科技提升非物质文化遗产保护水平

2. 利用现代科技提升非物质文化遗产产品价值

3. 利用现代科技提升非物质文化遗产的生产效率

4. 利用现代科技提升非物质文化遗产的传播能力

《论非物质文化遗产资源在文化产业中的创造性转化和创新性发展》的标题各层级之间的关系较为清晰，三个一级标题分别是"创造性利用非物质文化遗产生产性保护项目发展文化产业""创意性利用非物质文化遗产文化元素发展文化产业""面向现代社会生活、市场经济和科技发展创造性利用非物质文化遗产资源发展文化产业"，句式结构相似，标题之间形成呼应，较好地划分了全文的框架结构。下级标题也同样如此，如"非物质文化遗产生产性保护项目的产业开发特质"这个二级标题，便用"物质特质明显""地域特征鲜明""经济价值突出""产业链条完整""品牌资源丰富"几个小标题分别归纳，每个小标题均表明了一个小论点，既从五个角度阐明了"非物质文化遗产生产性保护项目的产业开发特质"，相互之间的界限又较为分明，避免了内容重复。

大纲设计必须以写作者已经掌握的经验为基础，将自己充分调查、多方比对、深思熟虑后的观点，以规范的学术语言用标题的形式表现出来。做到了这几点，提纲才可能言之有物、言之有据，并体现出写作者观察的独到性，以此作为论题是否能够继续进行下去的评判依据。反之，如果对论题缺乏足够的认知，对其主要表现、水平、极富代表性的个案不够熟

悉，也没有形成较为清晰的论证链条，或是只能列出放之四海皆准的空话、套话，就会出现"无效大纲"的情况。例如：

《生产性保护视野下××地区风筝制作技艺保护与传承研究》大纲

一、生产性保护释义

二、××地区风筝制作技艺的现状

三、××地区风筝制作技艺保护与传承的经验

四、××地区风筝制作技艺保护与传承存在的问题

五、××地区风筝制作技艺保护与传承的建议

以上的示例是比较典型的"无效大纲"。标题的层次较为单薄，仅仅列出了一级标题，反映该论文拟研究××地区风筝制作技艺的现状、主要经验、存在问题，并提出建议。但关于××地区风筝制作技艺呈现何种行业背景、该地区已经形成哪些经验、存在哪些突出的问题，写作者拟提出哪些具有可行性的建议，在提纲中都未反映出来。这类大纲无论是对于呈现论题本身的写作价值，还是论证写作者对论题的前期基础、写作时的驾驭能力，几乎都不能起到任何说服作用。

> **练习** 请围绕文化和艺术管理方向，设计自己感兴趣的题目，并列出提纲目录。目录以列出二级标题、不超过三级标题为宜。

不少写作经验还比较薄弱的青年学生会对"在正式撰写论文之前，如何保证提纲的准确性"这一问题感到疑惑。换言之，开始写作之后，是否还能修改提纲？实际上，在选题论证阶段，列出提纲的目的是对已有论证链的合理性进行预判，它与后期修改并不矛盾。写作是一个能够体现出你

专业学习过程的征途，也是（至少应该是）一个包含着反思、改进、发展、进步与各种成就的连续的过程。① 在后期写作中，随着所掌握的资料不断充实，思考愈加深入，对提纲进行完善与修改不仅是个正常现象，还是一项能够让专业学习更全面的表现。

第五节　选题创新点

学术研究鼓励创新思维，鼓励以过去积累的成果为起点，将理论、方法、材料往前推进，创造出新的成果。当然，在浩如烟海的文献中找到论题的创新点绝非易事，尤其是对于论文写作经验还不够丰富的青年同学来说更是如此。实际上，诚如叶圣陶先生所言："更进一步说，人间的思想、情感诚然不甚相悬，但也决不会全然一致。先天的遗传，后天的教育，师友的熏染，时代的影响，都是酿成大同中的小异的原因。原因这么繁复，又是参伍错综地来的，这就形成了各人小异的思想、情感。那么，所写的东西只要是自己的，实在很难得遇到与人家雷同的情形。"② 研究是没有终点的，社会也在不断向前发展，在文化艺术领域，新技术、新手段、新产品、新消费方式层出不穷，并持续为研究者提供具有"创新性"的视角。

一、着眼于新政策背景下的研究

政策是社会发展的保障，政策也会随着社会发展的需要而调整、变动。同样的事物、现象，虽然过去已被研究过，但不代表就此失去了继续研究的价值，仍可以放在新出台、新制定、新调整的政策背景下开展研

---

① 默里，穆尔. 学术写作手册：一种新方法［M］. 谢爱磊，译. 上海：上海教育出版社，2011：4.
② 叶圣陶. 怎样写作［M］. 北京：中华书局，2007：6.

究。例如，2015年中共中央政治局审议通过了《关于打赢脱贫攻坚战的决定》，各地积极响应这一战略，在结合自身特色资源的基础上，探索了提高经济水平，既扶贫、扶智也扶志的方式。近年来，民间文化、民间艺术、非物质文化遗产、民族技艺等都作为特色资源服务于本地社会发展，选题可突出"脱贫攻坚"的背景，更具针对性地追踪研究典型个案如何发挥文化艺术资源的优势，有力带动三大产业发展的核心作用，由此突显选题的创新性。2021年2月，全国脱贫攻坚总结表彰大会的召开，向全社会庄严宣告脱贫攻坚战取得了全面胜利。许多学者将目光投入到民间文化艺术产业的发展如何有效维护脱贫成果，防止返贫的研究中，如《乡村应对返贫威胁和共富挑战的提升策略——基于大学赋能视角》[1]《乡村旅游地农户返贫风险的识别与评估——以恩施州为例》[2]《文化视角下脱贫不稳定群体形成的社会动因及长效治理机制构建——以单身汉贫困为问题意识来源》[3]等，体现了研究的延续性与创新性。

一直以来，中小学生的课外活动、综合素质的培养都受到重视，在教育学、艺术学等专业中，产生过大量研究文献。2021年7月，中共中央办公厅、国务院办公厅印发《关于进一步减轻义务教育阶段学生作业负担和校外培训负担的意见》，小学、初中阶段学生的课外时间、课外活动安排也相应发生了较大变化。以这一政策为观察的切入口，《"双减"政策背景下的学校劳动教育：契机、困境与路径》[4]《社会流动视角下基础教育减

---

[1] 郭萌，王怡. 乡村应对返贫威胁和共富挑战的提升策略：基于大学赋能视角 [J]. 西北农林科技大学学报（社会科学版），2023, 23 (4)：45-54.
[2] 郭子钰，谢双玉，乔花芳，等. 乡村旅游地农户返贫风险的识别与评估：以恩施州为例 [J]. 农业现代化研究，2022, 43 (4)：668-678.
[3] 魏程琳，史明萍. 文化视角下脱贫不稳定群体形成的社会动因及长效治理机制构建：以单身汉贫困为问题意识来源 [J]. 南京农业大学学报（社会科学版），2021, 21 (5)：107-116.
[4] 周美云. "双减"政策背景下的学校劳动教育：契机、困境与路径 [J]. 教育理论与实践，2023 (8).

负政策的执行困境及其破解》①《新闻报道对幼儿园家长教育焦虑的影响："双减"政策的缓冲作用》②等系列文章从不同视角对这一政策实施的社会影响及家庭教育、学校教育应作出的策略调整进行了分析，体现出了其创新性。

2014年12月27日，中华人民共和国国家发展和改革委员会（简称：国家发展改革委）为保障扶贫工作的顺利推进，鼓励贫困农民参加工程建设，从而获得劳务报酬，直接增加收入，并发布了《国家以工代赈管理办法》。2023年1月，国家发展改革委根据新的形势需要，结合《中共中央 国务院关于实现巩固拓展脱贫攻坚成果同乡村振兴有效衔接的意见》《国务院办公厅转发国家发展改革委关于在重点工程项目中大力实施以工代赈促进当地群众就业增收工作方案的通知》《关于在农业农村基础设施建设领域积极推广以工代赈方式的意见》等文件精神和《政府投资条例》等有关规定，发布了《国家以工代赈管理办法》。对比之后便可观察到近10年间国家的经济环境发生了较大变化，扶贫、脱贫工作在宣告胜利后，巩固脱贫成果、衔接乡村振兴已进入新的阶段。针对现阶段各地区的劳动力如何更好地与用工需求相匹配，发挥出产业发展的能动性，学者们结合地区发展实际，提出具有创新性的研究视角，并形成了《乡村振兴视角下以工代赈村民自建模式研究——以四川省实践为例》③《以工代赈制度的功能演变及适用问题》④等一批具有时代性的研究成果。

---

① 朱帅，杨兆山．社会流动视角下基础教育减负政策的执行困境及其破解［J］．当代教育科学，2022（12）．

② 孙卉，傅宏．新闻报道对幼儿园家长教育焦虑的影响："双减"政策的缓冲作用［J］．苏州大学学报（教育科学版），2023（1）．

③ 王晟昱，李想，张心怡．乡村振兴视角下以工代赈村民自建模式研究：以四川省实践为例［J］．农业经济，2023（7）：72-74．

④ 朱雅婷．以工代赈制度的功能演变及适用问题［J］．黑龙江工程学院学报，2022，36（1）：66-70．

二、着眼于新的社会现象下的研究

社会发展到不同阶段之时，新的社会观念也在不断形成，并影响个体对家庭、职业、休闲方式的选择。纵然是同类选题方向，依然可以随着时间的推移，不断着眼于新的视角。例如，"闲暇""休闲"作为文化艺术生产与消费的重要条件，对其展开的研究由来已久。早在1899年，由美国社会学家T.凡勃伦发表的《有闲阶级论》就系统地分析了从事非生产劳作性工作的"有闲"阶级与社会经济文化发展的关系，以及其带有炫耀性的生活方式与消费行为中所包含的社会学意义；1947年，德国哲学家约瑟夫·皮珀写就了《闲暇：文化的基础》一书，从哲学角度解读"闲暇"的文化意义——闲暇不是懒惰，闲暇是一种美好的精神状态，其本身就具有创造性、思索性与价值。1980年，罗歇·苏以平实的语言，在《休闲》一书中阐释了休闲在社会发展中的角色、休闲的表现形式、休闲的政策，并预测了将来的休闲可能会愈加产业化、服务化和个性化。随着经济社会的发展，越来越多的娱乐方式被创造出来，既服务于个体的休闲需要，又影响着个体对休闲与工作时间的分配方式，因而，针对"闲暇""休闲"的研究也愈发显现细分。例如，分别从城市和乡村，男性和女性，以及老年、中年与青年等视角，对各个群体的休闲生活进行观察，探究休闲活动的生成动力，以及休闲对社会发展的影响等。在"知网"平台上以"休闲""闲暇"等作为关键词检索，还可发现这一研究方向并未随着时间的推移而淡出研究者的视线，尤其在文化产业进入快速发展期的2005年之后，"知网"平台所收录的相关文献整体呈现攀升之势，2017年所收录的文献多达4669篇。同时，出现了不少从文化产业、文化消费角度对"闲暇"和"休闲"进行观照的研究，如《乡村旅游、结构转型与农民收入增长——来自"全国休闲农业与乡村旅游"》[①]《城镇居民休闲消费潜力影响因素及其空间

---

① 黄细嘉，张科，熊子怡，等. 乡村旅游、结构转型与农民收入增长：来自"全国休闲农业与乡村旅游示范县"的经验证据[J]. 世界农业，2023（3）.

异质性》①《渔民增收视角下休闲渔业产业融合空间分异研究》②等。可见，在每一个社会发展阶段，都能够结合当下的生活方式，提出具有新意的研究角度。

同样，乡村振兴是我国一项重大战略，经过近些年的探索实践，乡村生活水平不断提升，环境不断改善，就业机会也不断拓宽，过去选择外出就业的农村居民也逐渐将返乡作为就业的选择之一。随着返乡人群的增加，乡村的经济方式、生活习惯与城市化的生活、消费必然产生更多融合，新的文化艺术消费点、娱乐休闲服务也将随之兴起，着眼于这些变化开展研究，也能够体现创新点。《"短视频+直播"：返乡青年参与乡村振兴的新模式》③立足于乡村振兴的推进和移动互联网的快速普及发展，对"短视频+直播"对返乡青年参与乡村振兴的积极作用展开了研究；《从"无名之辈"到"消费新贵"："有钱有闲"的小镇青年》④则着重于"小镇青年"这一群体形象的演变，在当今社会结构不断变化、市场经济建设不断深化的背景下，分析"小镇青年"的消费水平、消费习惯，以及对社会经济的影响。《去内卷化：当代青年的"反向生活"及其社会机理》⑤结合了另一热议词汇"内卷"，结合大城市生活节奏日益加快、求职压力日益增加的趋势，针对"反向就业""反向考公""反向旅游"等反向生活现象，研究青年人生观和价值观上的改变，从而展现青年生活态度的新特点。

---

① 刘松，楼嘉军．城镇居民休闲消费潜力影响因素及其空间异质性［J］．地域研究与开发，2022（2）．

② 张娟，郑建明，汤澍．渔民增收视角下休闲渔业产业融合空间分异研究［J］．农村经济，2021（12）．

③ 曾凡忠．"短视频+直播"：返乡青年参与乡村振兴的新模式［J］．传媒，2023（15）：65-66，68．

④ 肖德恒，许进龙．从"无名之辈"到"消费新贵"："有钱有闲"的小镇青年［J］．中国青年研究，2023（6）：85-93．

⑤ 胡小武，向江渝．去内卷化：当代青年的"反向生活"及其社会机理［J］．中国青年研究，2023（7）：76-84，119．

三、着眼于新技术应用的研究

技术不断升级、更新，智慧技术已经逐渐普及，新的应用不断服务于景区、社区、展览场所、交通系统、文化艺术场馆等。文化艺术行业作为以创意、创新为核心的领域，自然也呈现了许多全新的创作方式和展示、传播手段。近年来，无人机的普及运用极大地拓展了拍摄视角，在城市空间设计、传统村落及建筑类文化遗产的保护、影视作品的取景等方面较以往都有着更大的突破。基于通信技术、系统设计、工程控制等角度的研究成果已经较为丰富，但聚焦在该技术与文化艺术领域相结合的研究空缺还十分明显，对此技术的运用有实践经验的写作者便可由此切入，提出研究方向。

2021年，"元宇宙"概念席卷全球，随之而来的是数字藏品和数字艺术的创作、交易，以及版权风险与保护等相关话题。在"知网"平台上检索可见，2022年所收录的学术文献较为集中在这一新技术的制度规范方面，研究视角都体现了前瞻性，如《区块链智能合约下加密数字藏品的法律属性与内生风险》[1]《高质量发展数字藏品：特性、价值、风险与监管路径》[2]《文化数字化视域下的数字藏品：在理性中走向运作规范化》[3]等。除此之外，基于先进技术的运用，分析其对文化艺术企业、文化艺术消费者、文化艺术市场的影响，剖析其对文化艺术行业带来的机会，以及由此衍生的问题等，也都能够体现选题的时代性。

随着ChatGPT-4和Midjourney v5等AI模型的发布，AI自动生成技术取得了长足的进步，并于2023年开始向大众普及，因此，2023年又被

---

[1] 葛伟军，方懿. 区块链智能合约下加密数字藏品的法律属性与内生风险[J]. 上海大学学报（社会科学版），2023（2）.
[2] 谢新水，黄宇曦，储江. 高质量发展数字藏品：特性、价值、风险与监管路径[J]. 电子政务，2023（2）.
[3] 葛宝东. 文化数字化视域下的数字藏品：在理性中走向运作规范化[J]. 图书与情报，2022（5）.

称为"AI 元年"。图像与文字自动生成技术的高度智慧化，在研究界引发了极大的关注与热烈的讨论。知识产权、文化安全、社会治理、教育等领域的研究者都围绕这一突破式的技术展开了学术研究，如从版权规则角度切入的《以 ChatGPT 为代表的生成式 AI 内容的可版权性研究》[1]，从技术伦理方面切入的《阮胤杰. 人工智能创作需要灵魂吗——基于 AI 绘画与 ChatGPT 的数字人文批判》[2]《ChatGPT 类技术：法律人工智能的改进者还是颠覆者？》[3]，还有从国家安全方面切入的《被重塑的世界？ChatGPT 崛起下人工智能与国家安全新特征》[4] 等。

四、着眼于新的行业阶段的研究

行业的发展并不总是呈现绝对的直线。区域发展的政策、人们的消费水平、流行审美等，都会对行业的发展产生影响，行业也处在动态变化之中。例如，2016 年之后，各大短视频平台、视频直播行业迅猛发展，"主播"这一行业形成的初期，从业者的道德素养、专业水平良莠不齐，研究者的关注点主要集中在"主播"行业的勃兴对青少年用户的影响，以及构建行业规范的举措等方面。随着监管政策不断完善，行业自身也经历了优胜劣汰，视频行业逐渐进入了更为健康、有序的发展阶段，探讨视频行业的治理经验，分析短视频对地方文化和优秀传统文化的传播作用，以具有突出影响力的视频节目、直播间与"主播"为个案，结合传播学、社会学、管理学等理论展开的研究也体现了同一行业在新发展阶段的特征。

---

[1] 邓文. 以 ChatGPT 为代表的生成式 AI 内容的可版权性研究［J］. 政治与法律，2023（9）：84-97.
[2] 阮胤杰. 人工智能创作需要灵魂吗：基于 AI 绘画与 ChatGPT 的数字人文批判［J］. 上海文化，2023（8）：86-90.
[3] 王禄生. ChatGPT 类技术：法律人工智能的改进者还是颠覆者？［J］. 政法论坛，2023，41（4）：49-62.
[4] 黄日涵，姚浩龙. 被重塑的世界？ChatGPT 崛起下人工智能与国家安全新特征［J］. 国际安全研究，2023，41（4）：82-106，158-159.

2000年之后，中国的娱乐产业发展十分迅速，娱乐节目、综艺节目、偶像明星接连涌现，"粉丝经济"极速成型与扩大，围绕着娱乐产业的研究论题不胜枚举。近几年，偶像明星对于青少年的影响越来越受到关注，随着虚拟技术水平的不断提高，在粉丝经济、偶像产业的研究基础上，一些研究将关注点延伸至"虚拟偶像"现象的兴起，如《从猎奇到疗愈：虚拟偶像崇拜的技术取向》[1]关注的是技术驱动下，虚拟偶像的外形特征、人设特征对粉丝群体的崇拜心理产生的新影响；《参与式文化视角的虚拟偶像发展策略——基于A-SOUL粉丝群体的网络民族志考察》[2]以2020年11月由字节跳动旗下游戏公司朝夕光年和乐华娱乐联合推出的虚拟偶像女团"A-SOUL"为研究对象，以线上田野调查为研究方法，对"A-SOUL"的粉丝群体进行了三个月左右的行为追踪、观察、记录、深度访谈，对新时代的粉丝群体的"平权""去中心化"等特征进行了深刻剖析。

　　"网红"是伴随着互联网经济发展而出现的一个热词，最初指的是"在网络平台上获得高度关注的用户"。以"网络红人""网络意见领袖"等角色为核心，以社交媒体平台为载体，带动的一系列经济活动，被称为"网红经济"。随着网红经济的拓展和延伸，在许多行业中都出现了"网红思维""网红营销"等，在博物馆、旅游景点、购物商场、文创园区，也接连不断地布置各类"网红打卡点"以吸引游客拍照传播。"网红"一词，逐渐渗入了"短期效应""专为吸引眼球而策划"等含义。艺术创作是一个需要长时间积累、深刻反映创作者的艺术观、审美观，以及一定的艺术技巧的活动，网红思维在文化艺术行业的渗入，对艺术市场、创作者与消费者所产生的影响，也能够反映行业研究的创新性。《独异的生活：都市

---

[1] 晏青，何丽敏. 从猎奇到疗愈：虚拟偶像崇拜的技术取向[J]. 新闻与传播评论，2023，76（5）：78-88.

[2] 刘小霞，赵素冰. 参与式文化视角的虚拟偶像发展策略：基于A-SOUL粉丝群体的网络民族志考察[J]. 现代传播（中国传媒大学学报），2023，45（6）：151-159.

白领网红餐厅的打卡实践》①认为打卡都市网红餐厅是都市白领完成日常生活的"独异化"呈现、实现自我、为自我情感书写创造空间的一种行为;《青年网红打卡文化的符号消费及反思》②研究了青年群体流行的"打卡文化",并发现"打卡"动机由身份建构、社交维系、营销刺激、审美实践和数字记忆五个维度共同构成。同时,如果不能正确地看待打卡潮流,就容易导致青年超前消费、跟风消费等问题。

除了上述各个方向的新视点之外,还可以从文化艺术产品生产手段、流通方式、体验方式等方面寻找选题的创新点。无论如何,写出新观点并不是容易的事情。收集、阅读的文献越多,越会产生一种"观点已经被前人写完"的感受。王世德教授对此谈道:"把所见到的前人论述一一用实践去检验它,把它一分为二,孰是孰非,把正确的和错误的区分开来,分别排队研究,就自然会产生自己的见解,对前人的观点做出补充、发挥、纠正、批驳,就自然会形成自己的新观点。"③

第六节 参 考 文 献

参考文献,即完成这篇论文主要参考的书籍、论文、报刊文章等,也是杰拉德·热奈特所提出的"副文本"概念的主要组成部分。副文本,即"文本周围的旁注或补充资料,由各式各样的门槛组成:作者的和编辑的门槛,比如题目、插入材料、献辞、题记、前言和注释……"④参考文献对

---

① 张航瑞. 独异的生活:都市白领网红餐厅的打卡实践[J]. 济南大学学报(社会科学版), 2023, 33(1):123-135.
② 柳莹. 青年网红打卡文化的符号消费及反思[J]. 江西社会科学, 2021, 41(9):238-245.
③ 王世德. 怎样写毕业论文和学年论文[M]//王力,朱光潜,等. 怎样写论文. 沈阳:辽宁教育出版社, 2006:21.
④ 转引自朱桃香. 副文本对阐释复杂文本的叙事诗学价值[J]. 江西社会科学, 2009(4).

文本起到了补充、拓展、阐释等方面的作用，能够反映作者的理论视野。在选题论证的环节，作者也许已经参考、翻阅了大量文献，最终列入开题报告中的文献应当与选题紧密相关，并体现一定的技巧。

一是参考文献的分布有一定的合理性与代表性，具体来说包含以下几点。

（1）包含经典研究成果。围绕该选题，选择较具代表性和学术影响力的理论著作或经典文献。

（2）包含同类型选题的研究成果。选择围绕该选题，对其他地区、其他个案开展研究，或用不同方法开展研究的成果。

（3）包含最新研究成果。围绕该选题，选择比较前沿的研究成果。

（4）包含精准参考成果。围绕该选题的关键词，选择与本文关注内容较为相近的参考文献。

（5）包含特殊焦点。围绕该选题，选择对作者着重关注的研究角度或研究方法有所反映的文献。

二是参考文献具有较高的学术性、权威性与专业性。在查阅文献时，作者使用的检索方式是多种多样的，其中可能包括已经公开出版发行的论文、互联网媒体的报道，也可能包括网友的发言与评论等。毫无疑问，这些信息都加深了作者对选题的印象与了解，增加了作者可使用的素材，都具有不同程度的参考价值。但在论证报告的写作上，越严谨、正式、公开与可靠的材料，对论证的正面影响越强。因此，参考文献列表应当填入经由正规出版单位发行的、具有权威性的学术文献清单，并优先选择在较高级别出版物上发表的作品。

总而言之，参考文献的列表无须过长，但应能够清楚地呈现选题的总体结构、研究重点、核心观点、研究方法等，对研究的主体框架形成延伸与佐证作用。

第七节　写作计划

完成一篇论文需要多长时间，这是多数初学写作者比较关心的问题。事实上，写作者不仅要对完成论文的总体时间心里有数，还应该合理地化整为零，将整体任务划分为阶段性任务，提前做好写作规划。因此，拟写时间计划并非小题大做，恰恰相反，它是完成论文写作目标的重要步骤，能够直观地体现作者对自己的研究周期是否具有客观、清晰、理性的认识。尤其是对于新手而言，应当对写作环节划分以及对应的时间计划进行合理分割，提前预知可能遇到的困难，并作出应对预案。

一、区分自然时间与有效时间

自然时间即用年、月、周、日等单位来表述的时间，如2022年、2023年、6月1日至6月30日、周一至周日等，都是对自然时间的描述。有效时间指的是作者本人确定能够用于论文写作的时间。作者不能仅凭自然时间来判断每一阶段的任务周期是3周、2个月或半年，而要结合自己的学业、生活、作息，以及其他规划，综合判断完成每一任务所需要的周期。

二、预留充分的论文修改时间

青年学生在学术论文写作方面的经验较薄弱，尤其在本科学习阶段，多数同学第一篇成型的论文都是在专业老师的指导下完成的。指导修改的内容往往涉及论文的方方面面，从标点符号的使用、语言词汇的规范与润色，到逻辑框架的增删与调整，都需要数次沟通、交流，一一修订至完善。因此，同学们应当预留比较充分的交流、修改时间。

三、预留多次进行实地调查的时间

赴文化艺术机构与市场、乡野村落、街道、社区开展实地调查，是获得一手资料、支撑研究推论的有效方式之一。对于调查者来说，一次走访往往是不够的。在对所取得的资料进行整理，并用于论文写作后，随着分析的深入，很可能存在资料不足、不全、不可信，或是情况发生变化等问题，还需要进行相应补充与删改。例如，在旅游景区中对游客数量进行观测，假期与非假期、工作日与非工作日、节日与非节日之间，数量必然呈现差异。此外，天气条件、营销活动等因素，也会对游客数量产生影响。调查者多次开展调查，以提高观测数据的可靠性，是极有必要的。作者在进行时间规划时，应当结合选题内容，预留合理的调查周期。

四、应当预留与他人的沟通时间

文化艺术管理类专业的同学，必须具有良好的沟通能力。无论是作为文化艺术行业的管理者，还是文化艺术类论文的写作者，都无法避免与他人的沟通，包括与指导老师、项目组其他成员、从业者、机构负责人的沟通等。与任何人的沟通，都不能假定对方能够在任何时间段及时回应自己的需求。因此，如果论文当中需要其他角色的协助与配合，必须预留出对方回应的合理时间。

在论证报告书的通用格式中，一般以年、月、日为周期填写研究计划，上文描述的细节不一定能一一得以呈现，但作者仍应对论文撰写过程中有可能出现的问题、困难有所预测，并留出相应的弹性时间。总之，周密的计划对于目标的最终达成大有益处。

写作计划安排

　　年　　月　　日至　　年　　月　　日：

　　年　　月　　日至　　年　　月　　日：

　　年　　月　　日至　　年　　月　　日：

　　年　　月　　日至　　年　　月　　日：

　　年　　月　　日至　　年　　月　　日：

　　本章以通用型的开题报告为例，向论文写作者介绍了对意向选题进行前期论证的方法与必要性。在实际写作中，报告格式存在各种变体，因此不必拘泥于本书举例的几个方面。无论格式如何变化，最终目的是基本一致的，即正式写作前，对写作过程进行充分的预设与思考。

　　完成开题报告或选题论证书并不意味着可以开始正式写作。开题报告的撰写只是将写作者本人的思路以规范的格式进行阐述，这一环节如果没有经过评审专家、指导老师的审阅，必定是不完整的，也是不可靠的。因而，写作者在完成开题报告的撰写后，必须提交给更具经验的专家、学者、专业教师进行评阅，得到了肯定的审阅意见后，方能开始按照计划正式开展论文撰写工作。反之，如果没有得到认可，就需要结合评阅意见调整选题方向、研究内容或是研究方法，甚至更改题目，以免在错误的方案下盲目行进，浪费了宝贵的时间与精力。

课后作业

1. 围绕自己感兴趣的选题，撰写该选题研究的意义。
2. 围绕自己感兴趣的选题，查阅文献后，指出自己研究的创新点。
3. 围绕自己感兴趣的选题，查阅文献，并归纳已发表成果的代表性观点。

第四章

初稿写作

◉ **本章重点**

- 合理认识初稿在写作中的作用；
- 调整初稿写作的目标与心态；
- 掌握完成初稿写作的几种方法。

初稿写作意味着对自己前期的学术设想进行实质性输出，意味着论文写作正式迈出了第一步，也是最关键的一步。万事开头难，初稿写作是一个很大的挑战。本章介绍了任务分解法、要素摘录法、引文摘录法、提纲补充法、标题拆分法、段落填充法、内容精简法、结构完善法等多种完成初稿的方式。一篇长达万余字的论文在合理拆解为周期性目标之后，每一环节的写作难度得以降低，使写作者能够以更好的心态、更高的自信完成写作任务，同时，本章也介绍了完成各个周期性目标的具体操作方式，从心态到技巧，帮助写作者进行有效写作，跨越初稿写作这一难题。

第一节 任务分解法

毫无疑问，对于很多缺乏科研经验、缺乏学术文章写作经验的青年写作者来说，初稿写作的过程是忐忑不安的，甚至焦躁痛苦的。如图 4-1 所示，很多同学面对着一两万字的写作任务，感觉到的第一个难点就是不知道该从何下手，因而迟迟不能动笔开始写作，或者写了开头之后，遇到困难便以逃避的心态无限搁置下去。在拖延当中，很多写作者不切实际地寄希望于在交稿前两三天能够迅速完成初稿，而干扰了自己静心研究与学习的思维，最终未能在目标日期拿出令自己满意的文章初稿，从而陷入写作的挫败感中，导致恶性循环。

对于本科同学来说，论文写作过程中的确有许多困难需要克服，首当其冲的是要克服畏难情绪，以及由此产生的拖延行为。初稿最大的作用是将自己的材料、观点、思路整理清楚，以此作为与指导老师、评阅老师沟通的桥梁。如果这一步不能如期完成，必然影响后面的内容修订计划，继而影响到全盘进度。因此，做好目标管理与时间管理，科学合理地拆解任务，拒绝拖延和逃避，是完成论文的关键技巧。

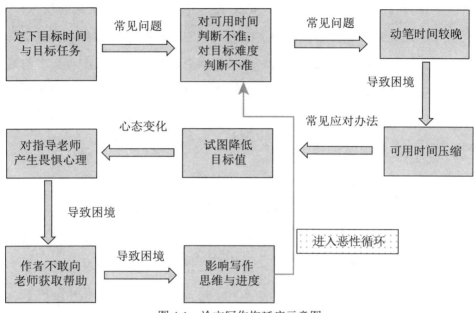

图 4-1　论文写作拖延症示意图

一、设定每日任务

写作者可以为每天的写作任务设定一个力所能及的小目标，如完成 1000 字。这 1000 字可以是自己持有的学术观点，也可以是通过走访、检索获取的资料，或是对他人研究数据、学术观点的摘抄。需要注意的是，非本人创作的内容，无论句子长短，都要清晰地标注出处，以免摘抄的内容与自己写作的内容融混在一处之后，后期无法找到内容来源，引发学术不端的问题。

写作初期不必太过在意 1000 字的水准如何。在写作遇到困难的时候，也可以多使用摘抄的方式来达到完成 1000 字的目标。这样做的益处是，当作者由于遭遇瓶颈、思路不开阔而无法创作新的内容时,不是止步不前、盲目焦虑、逃避任务,而是始终保持阅读和吸收的习惯,从而维持对文章结构、理论观点的关注与思考。当作者每天能够完成1000字的新增内容时,焦躁的心情可以被有效缓解,论文进度实际上呈现匀速推进的状态。

在写作者查阅、理解他人的文献达到一定程度时,必然会体现"量变带来质变"的规律,启发自己新思路与新观点的出现与爆发,对文字的驾驭能力也会有所增强,从而进入有效输出研究成果的写作阶段。随着写作者原创内容的增加,再将之前所堆砌的、与论文主题关联不大的参考资料一一删减,令原创内容与引注内容整体呈现合理的比例即可。

技巧分享:每天完成1000字的益处

学术写作需要保持思维的连贯性。如果每天写作的内容太少,思维呈现碎片化的状态,往往还未将发散思维收集而来的资料调整为聚拢思维引导下的创作,未将"外来式"的摘引转变为"内化式"的表达,一天的任务就已经完成,那么不利于启发写作者的深度思考,从而提升写作者对文章的整体把控能力。

同时,学术写作又需要保持思索与沉淀。写作初期,完成2000字的学术写作往往需要阅读参考10000字以上的资料,所需要投入的时间也比较长。如果每天(尤其是一开始)在写作上花费的时间与精力超过自己的负荷,造成生活与写作的失衡,反而容易引起对目标的逆反或逃避心理,不利于维系稳定的写作心态。

在学术论文中,1000字大约可以拆分为2～3个小主题。每个小主题又可以由论点、阐释、例证、引注等要素构成,在多种表述方式的帮助下,写作者完成1000字的写作具有可操作性。对初学者来说难度处于中等水平,较为适宜。

二、设置每周任务

对于非职业写作者来说，要保证自己每天都有固定的写作时间与写作状态并不容易。每个人在日常生活、学习与工作中，都会面临需要处理其他事务的情况。有些事务尽管可预知，但处理起来也依然会占用自己原本就有限的时间和精力。如果临时突发十分紧急的事务，更会扰乱写作者的计划和心境，将安排好的写作计划打乱。因此，写作者要及时关注自己的写作情况，如果在推进每日任务的时候存在困难，与其随意降低、搁置每日任务，不如以周为单位，为论文写作留出一些弹性空间。例如，每日目标任务是完成 1000 字，每周目标任务为 1000 字 ×7 天 =7000 字。假如一周中的某一天因为特殊原因只完成了 700 字，不用气馁，只需利用当周的空余时间，将未完成的 300 字补足，整体达成 7000 字的写作目标即可。

三、放下过高期待

初学者一定要记住的是：初稿不是定稿，完成比完美更重要。写作者开始写作到最终定稿之间，无一不是经过数次修改，有的文章甚至经历了以年为单位的修订时间，可想而知，初稿与定稿的写作水平绝不能等同。

初稿就如同在纸上描绘一棵树。思路、论点、材料分别是这棵树的主干、枝丫与树叶，闪烁着写作者思想灵光的语言、词汇与点子，就如同果实一般，点缀在树上。在这一时期，写作者不必执着于画出一棵完美无瑕的树，而要尽量将自己所想到的、所收获的直观地呈现在画纸上，提交给指导老师、评阅专家，以提出如何修剪这棵树的批评或意见。又或是将这棵树作为参照，与自己的研究目标一一对照，从而对论文展开有效修正。

如果将初稿的写作目标定得过高，那么写作者在写作中会不断感觉到达成目标的压力与难度，为自己带来持续的挫败感，会对写作热情形成很大的反作用力。因此，将初稿的目标设置为如期完成即可，放下过高的期待，维持自己的写作热情与学习热情，为后期修改预定充足的时间，这是一个很关键的写作策略。

许多写作者怀有"截稿日之前开始写作应该来得及"的错误认识，在写作时间还比较充足时，没有很好地分解任务，逐个完成写作计划，而是寄希望于在截稿前爆发出源源不断的灵感，快速完成写作。事实上，在匆促的情况和心态下进行的研究与写作，往往难以展开全面、深入、冷静的思考，对语言、格式的琢磨也不够细致，整体效果难免存在诸多瑕疵。因而，与其在即将截稿时匆忙写作，不如提前制订好适宜、合理的写作计划，分步完成。

第二节 要素记录法

学术写作不能一蹴而就。准备一个研究选题、一篇学术文章，需要有大量的专业知识储备。原创性的观点表述遇到瓶颈是每个写作者都会面对的难点，在动笔开始写作时才开始查阅文献、深入思考、组织论点，写作的效率便存在诸多风险，无法保证计划的有效推进。因此，写作者在日常生活与学习中便应该养成记录的习惯，随时随地将与选题有关的内容、信息在文档中记录下来，浏览与写作相关的文献时，及时摘抄其中具有参考价值的内容——包括数字、观点、概念、评论、专业语汇等，积少成多，为写作做准备。

一、记录的内容

脑海中一闪而过的任何念头都有可能启发自己的联想，在后期成为一个可持续拓展的论点，因此记录的内容是多种多样的。可以记录与该选题相关的经典理论、代表性文献相关的信息，也可以记录自己围绕选题撰写的句子、段落，还可以记录零散的关键词、疑问。

（一）文献相关信息

文献相关信息包括所阅读的文献著作中展露的观点、知识点、专业术语和词汇，原文引用的文献出处、文献的参考书目列表与推荐阅读文献等。凡是可能对选题具有参考作用的文献信息，都可以予以标记，便于在撰写文章时快速查找、筛选有用信息。

实操示例

《市民参与城市艺术文化空间营建的路径研究——以昆明为例》这一选题所关注的是城市当中的艺术文化空间的营建。一般的观点认为，艺术文化空间的建设主体和运营主体都是经营者。本选题的作者则认为，市民也以多种方式与路径表达了对艺术文化空间的意见，是这类空间营建的延伸参与者。在准备选题时，作者阅读相关文献，并进行了如下记录。

如果我们经常接触这些最伟大的艺术成果的话，那么我们的生活也会经常地被"清新和自由"的思潮所净化。我们思考和反思的能力也会变得出类拔萃；换言之，如果我们经常接触优秀小说、绘画、雕塑等艺术作品，那么我们会变得更加文雅、精湛。[1]

在撰写文章时，写作者再次阅读了这段引文，结合在城市中观察到的现象，加入自己的思考，扩展成为如下段落。

"如果我们经常接触这些最伟大的艺术成果的话，那么我们的生活也会经常地被'清新和自由'的思潮所净化。我们思考和反思的能力也会变

---

① 戴维·英格利斯. 文化与日常生活［M］. 周书亚，译，北京：中央编译出版社，2009：99.

得出类拔萃；换言之，如果我们接触优秀小说、绘画、雕塑等艺术作品我们会变得更加文雅、精湛。"① 诚然，由文化艺术精英创造生产的高雅文化产品，对人的塑造起到重要作用。然而，对于生活、游走在城市大街小巷中的普通市民而言，理解高雅艺术是一个需要长期训练的过程，需要较为系统的学习、训练，也需要一定的阅历，才能完成从理解一般的通俗文化到理解高雅艺术的转变。显然，那些非发达城市的资源还不足以在短时间内达到全面提升市民艺术素养的水平。

（二）选题相关的论证

学术论文通常由假设、论点、论据等要素构成。初期可以围绕题目，记录自己的思考与想法，无论语言是否成熟，论证链是否完整，都可以先行记下。随着研究的推进，再对内容进行处理，删除无用信息，扩充关键信息，形成相对流畅、有条理的文章。

实操示例

在准备《消费社会视域下流量明星生产逻辑分析》这一选题时，作者将《电影明星们：明星崇拜的神话》②作为参考文献之一。阅读该著作时，作者将第4至第5页阐述的"明星制度出现的简要历程"概括记录如下。

1912年，"名演员电影公司"（famous players）成立。"明星电影"的时代结束了，属于明星的电影开始了。从1913—1919年，明星在美国与欧洲出现。玛丽·璧克馥是第一位典型明星。1919年，无论是剧本内容、影片摄制还是广告宣传，一切都围绕明星展开运作。明星制度从此成为电影工业的核心。

---

① 戴维·英格利斯. 文化与日常生活 [M]. 周书亚, 译, 北京：中央编译出版社, 2009：99.
② 莫兰著. 电影明星们：明星崇拜的神话 [M]. 王竹雅, 译, 长春：吉林出版集团有限责任公司, 2014.

不仅如此，作者还在笔记上记下了由此引发的思考。

流量明星的生产机制与 20 世纪的电影明星大不一样。电影明星借助电影角色，以及相互之间模糊的界限传播自己的魅力。流量明星则是通过话题、社交媒体、修饰技术、个性化标签、参与幻想（身份幻想）、专业化运作去创造。

在正式撰写文章时，将以上记录进行加工、整理，形成了以下内容。

莫兰在《电影明星们：明星崇拜的神话》一书中，追溯了 20 世纪初明星制度的出现。他认为，"明星"这个角色是伴随着电影工业的发展与壮大而产生的特殊的、核心的人物。[1] 电影工业、娱乐工业经历了 100 余年的发展之后，明星的生产机制愈发成熟，并且与 20 世纪的电影明星制度相比，有了更多不同。早期的电影明星借助着电影角色的人物设定，令观众模糊了演员本身与虚构角色之间的界限，并将角色的魅力叠加在演员身上。而今天娱乐工业里所制造的"流量明星"，其生产机制更为庞大、复杂。社交媒体平台上的话题、高超的数字修容技术、经纪公司为其量身定制的"人设"、粉丝拍摄的影像、投射在明星身上的幻想……都是"明星生产线"中的商品制造环节。

（三）具有启发性的案例

信息敏感性是学者必须具备的能力。这一能力的形成同样需要长期在日常生活中养成观察与积累的习惯，积少成多后，作者方能敏锐地从纷繁芜杂的报道、故事、新闻里快速觉察到可应用到写作中的素材。

实操示例

作者在赴云南省建水县就乡村振兴成果进行走访调查时，经由当地政

---

[1] 莫兰著. 电影明星们：明星崇拜的神话 [M]. 王竹雅，译. 长春：吉林出版集团有限责任公司，2014：4-5.

府介绍,了解到当地的葡萄产业已在全国具有高知名度,大力助推了本地经济社会发展。而在推动葡萄产业发展过程中,由女性组成的"疏果队"发挥了重要的支撑作用,她们掌握的疏果技能对葡萄产量和质量有着直接影响。经过走访和查阅资料后,作者进行了如下记录。

  蔬果种植是建水县的重要经济形式之一,葡萄、蓝莓、草莓、马铃薯、辣椒、豆类种植为乡村的经济振兴带来了稳定的收入增长。在诸多农产品当中,由于建水县得天独厚的地理气候条件,所产的葡萄品质上乘,成熟期早,市场需求和价格都较占优势。其中,阳光玫瑰、夏黑等品种已经形成本地品牌,为当地果农带来了良好的收入。

  葡萄产业在发展过程中,显露了对技术人才的突出需求。疏果是葡萄挂果之后一个关键环节,工人用剪刀将果串修剪漂亮,合理的修剪过程能令每串果实都控制在75~80粒,葡萄串均匀、饱满、外形均衡,这一修剪过程对成熟期的葡萄外观、产量、品质起着决定性的作用。

  目前,在建水活跃着上百支这样由女性劳动力组成的疏果队,她们是支持建水葡萄产业的重要技术支持,其专业性不仅能够很好地为建水葡萄果园提供疏果服务,在疏果期间,这些专业的队伍也受到全国各地葡萄果园的邀请,乘坐"飞的"前往各地,形成了劳动力输出,在建水县的乡村振兴中起到了不可忽视的作用。

  以上这段内容记录的是作者在走访工作中了解的事件,既没有体现出理论分析,也没有显现出学术论文的特性。在整理资料时,作者注意到这支特别的"疏果队"务工人员中只有女性。究其原因,疏果业务所需要的耐心、细心、手巧等,能很好地发挥女性优势,当地的男女劳动力也顺势优化了分工,女性在疏果技术方面不断树立了品牌影响力,男性则在农业生产中承担了更多的体力劳动。从社会性别分工的时代性这一角度切入,作者以社会学相关理论为背景,构思了《在场:女性在乡村振兴中的角色与行动——以建水巧媳妇金剪刀疏果队为例》一文，并将之前的工作记录拓展为学术分析。

自新中国建立以来，国家十分重视消除性别歧视与偏见，建立了种种保障妇女在教育、就业、医疗、婚姻、生育、政治等方面享受应有权利的制度，并不断完善保障的方式与范围。个体在社会中的角色通常包含三个层面——作为自我的个体、作为家庭成员的个体、作为社会成员的个体，每个人的发展往往与这三个角色的平衡密切相关。在乡村社会中，尽管妇女依法享有与男性平等的劳动权利和社会保障权利，但不少妇女在进行职业规划与选择时，依然会受到传统观念与现实约束的影响，在无意识中更为关注甚至放大自己作为家庭成员的角色，而忽略了自身价值的实现，降低了参与社会劳动的意愿。从长远来看，这种意识并不利于妇女自身的发展，还有可能令妇女陷入"隐性的贫困"的困境：社会资源稀薄；学习能力缓滞；自我认识模糊等。从社会发展来看，妇女既是乡村振兴的参与者，也是乡村振兴的受惠者，其参与乡村建设的意愿应当被充分唤起，各方面的能力应当被充分尊重，实现作为自我的人、作为家庭成员的人、作为社会成员的人三重角色的平衡。

建水县巧媳妇金剪刀疏果队是在当地传统农业向现代农业转型过程中，自发组织的，以疏果为核心技能的妇女务工队伍。作为重要的技术人员，疏果队既是当地农业发展的支持者、推动者，也是社会发展的受惠者、受益者，在改善了自身经济条件的同时，极大地提升了自我价值认同，提升了当地技术型劳动力的知名度，构建了乡村务工妇女互助网络，为更多的乡村妇女的择业行为提供了范例。

中国的乡村正在发生巨变，男性与女性的家庭分工、社会分工在延续传统的同时，也面临着角色调整，以更好地适应社会发展的需求与个体需求。本文从社会学、性别研究的视角出发，以建水巧媳妇金剪刀疏果队近年来的务工行动为透镜，观察乡村振兴背景下，妇女群体的劳动组织方式、价值实现路径、家庭角色与社会角色的平衡等方面的经验，以及自我认识、他者认识的变化。在制度性的性别偏见已经逐渐消失的当下，探讨乡村妇女在走出家庭，向社会公域寻求发展时的现实困难，并结合建水巧媳妇金剪刀疏果队的实践经验，提出改善乡村妇女就业条件的建议。

二、记录的方法

从记录的方法来看，常用的有梗概式记录、延伸式记录、分类式记录等。

（一）梗概式记录

梗概式记录指的是概括记录原文的内容、框架、重点等。如图 4-2 所示，笔记记录的是袁同凯所编，南开大学出版社 2017 年出版的《文化人类学简论》第一章的导语、第一章第一节的主要信息。

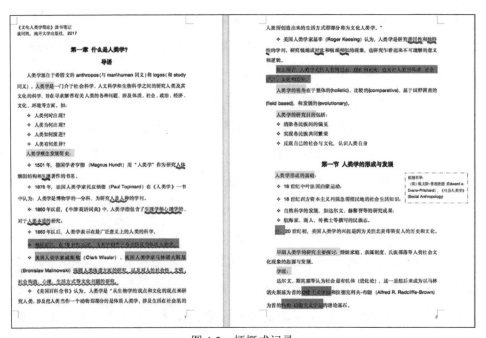

图 4-2　梗概式记录

（二）延伸式记录

延伸式记录指的是在收集资料时，写作者发现资料中有所提及而未深入阐释的相关书目、研究者、论题、案例、观点等，均应进行记录，以便在撰写文章时拓展学术视野。要注意的是，写作者既不能局限于机械阅读，也不要停留在简单地取用，而要及时地记录自己展开的思考、从他人观点中得到的启发。思考的内容可以包括而不限于以下问题：所阅读的材料是否带来了新的案例？是否提出了新的解决方案？是否补充了自己原有的观点？是否推翻了或质疑自己原有的主张？对此应该如何回应？是否应该在文献综述里加入这篇文献？

实操示例

作者以云南省红河州元阳县哈尼族村落阿者科村为个案，撰写该村落在进行民族艺术传承、艺术生产时，"产业化"在其中起到的作用。

在准备这一选题之初，作者使用了《产业化与少数民族艺术传承——以元阳阿者科村为例》这一表述。在进行概念界定时发现：在经济学当中，"产业化"指的是把某个客体完完全全地变成一个经济产业，按照产业的规则和规律来运作[1]。一般情形下，产业化强调按照一定的社会所承认的规模运行，它要求具有同一属性的企业集合成社会所承认的规模程度。[2] 概括来说，产业化有三个方面的特征：市场化的经营行为；规模化的生产能力；常态化的资本运作。同时，"化"又是一个具有动态属性的词，它指的是一个行进的过程与状态。

对照元阳阿者科村的情况后可知，阿者科村的规模不大，人口数量也不多，产业发展的成熟度不高，并不适用于"产业化"这个词，最终，这一选题修改为了《产业振兴促进少数民族艺术传承的内在逻辑与推进路径——以元阳阿者科村为例》。

---

[1] 王松华，廖嵘. 产业化视角下的非物质文化遗产保护［J］. 同济大学学报，2008（1）：107-112.

[2] 刘云升，刘忠平. 非物质文化遗产产业化法律规制研究［J］. 知识产权出版社，2017：34.

实操示例

作者在查阅乡村振兴相关的案例资料时，记录了《乡村建设与多元共享利益共同体的建构》中的研究发现。

王春光在经过了大量乡村调研之后，总结出经济发达的村庄大多有几个典型类型：第一类是政府主导建设的样板村庄；第二类是能干的村支书或主任带领建设的发达村庄；第三类是由资本下乡带动村庄发展；第四类是资本返乡推动乡村产业发展；第五类是掌握专长或社会资源的"乡贤"回到村里，动员和组织村民发展产业；第六类是社会组织的介入带动乡村建设。① 同时，文章也指出，这六类做法都有一个共同背景，即"需要一些主体响应国家的政策，对接项目和资金，村干部和村民具有很强的能动性，才能将这些资源转变为乡村建设的条件和行动。"②

这段叙述提到在乡村振兴中，"主体"的执行力、村干部和村民的能动性，都是为乡村建设创造条件的重要因素。这个观点再次启发了作者对乡村振兴的认识，即需要政府、村干部、外来资本、"乡贤"、社会组织结成良性的"利益共同体"，形成"合力"，才能有效推动乡村振兴战略的在地实践。基于此，作者查阅了社会学、经济学视角下"利益"的相关文献，如《利益共享的理念与机制研究：和谐社会的视角》③《地方利益论》④《村民自治视域下的农村社会利益整合》⑤《工商资本参与乡村振兴的利益联结机制建设研究》⑥ 等，对乡村振兴的个案研究形成了更丰富、更有力的理论支撑。

---

①② 王春光. 乡村建设与多元共享利益共同体的建构［J］. 人民论坛·学术前沿，2022（15）：49-50，50.
③ 何影. 利益共享的理念与机制研究：和谐社会的视角［M］. 哈尔滨：黑龙江大学出版社，2013.
④ 管跃庆. 地方利益论［M］. 上海：复旦大学出版社，2006.
⑤ 于江，钟玉海. 村民自治视域下的农村社会利益整合［J］. 理论导刊，2009（6）.
⑥ 涂圣伟. 工商资本参与乡村振兴的利益联结机制建设研究［J］. 经济纵横，2019（3）.

（三）分类式记录

分类式记录，指的是将可对比的案例、观点、资料记录下来，从中发现共性、个性或规律。

实操示例

作者关注到，在日常工作与生活中，微信已经成为当下社会的重要媒介，微信群也是用户之间联络的普遍形式。Y 交流群是由某行业协会发起建立的微信群，成员共 500 人，已到达微信群人数的最高限制。加入该群均须得到群管理员的审核，群昵称的格式统一设置为"从事行业（或工作、职务）+ 姓名"。从该群展示的公开信息可知，群内成员均从事与民间工艺相关行业。在 2018 年 12 月至 2019 年 8 月期间，作者对该群累计产生的 8000 余条聊天记录进行了分类，并作了以下记录。

该群的聊天内容主要分为日常问候、年节互贺、活动组织与参与、作品展示等类型，聊天内容中礼节性、业务性的交流，远远多过辩论性、探讨性的交流。另外，该群里几乎未出现过个人生活类的交流话题。

该群的活跃程度还与年龄层次有关。中老年人更重视微信群对业务宣传的作用，将微信群视为一个功能性平台，积极在群里发布与产品、行业相关的内容，注重品牌形象、个人形象的塑造。而年轻的工艺师、设计师将"入群"视为对群管理者的一种礼节与尊重，入群后一般不参与群里的讨论。

明显看得出来，该微信群的成员数量已经达到 500 人，也发挥了在行业信息交流、品牌宣传推广等方面的作用，但大多数群成员的积极性并未被激发出来，不同年龄层次、不同行业成员之间的隔阂也并未被打破。

当作者撰写《微信群在民间艺术行业中的角色研究——以 Y 交流群为例》这一论文时，对该群进行了长达 8 个月的观察与记录，为论文写作提供了极为翔实、丰富的一手资料。

三、记录的工具

记录的工具以方便、快捷为主，可以是纸和笔，也可以是电子设备。如果作者习惯于使用思维导图等工具，也可以用画图、画表等可视化方式罗列多个论点、论点与论据之间的层次关系。如果同时使用了多个设备，则要及时对分散于各个设备中的记录文件进行整合、归档，以免遗失与遗忘。

（一）大开本纸张记录

大开本纸张的优点在于便于整理关系复杂、内容量大的知识点。如图 4-3、图 4-4 所示，在纸张的中心处标记上起始知识点之后，随着阅读和思考的深入，能够向四周不断延展，并借助直线、箭头、框等图形，表明知识点之间的关系，便于理解和记忆。

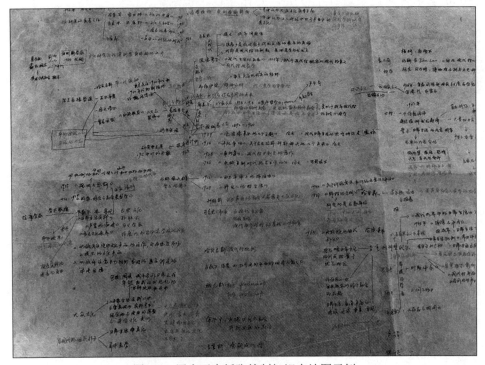

图 4-3 用大开本纸张绘制知识点地图示例

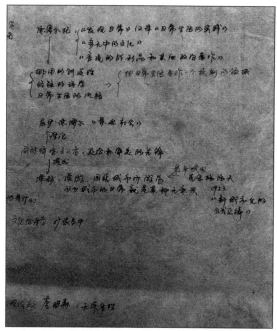

图 4-4 用大开本纸张绘制知识点地图示例

(二) 活页笔记本记录

笔记本的内页通常包含几种类型：横线、方格、点阵、空白。这几种内页的优缺点如表 4-1 所示。

表 4-1 常用笔记本内页对比

内页类型	优点	缺点
空白	可以自由发挥，适合插画、手绘式记录	没有基础参照线，文字占多数的笔记易写乱、写歪
横线	间距固定，文字排列较整齐	固定间距限制了字号大小
点阵	有参照点，比较适合图形式笔记	没有参照线，对文字整洁性的作用不明显
方格	提供了参照线，适用于多种字号	对插画、手绘式记录的作用不明显

如图 4-5 所示，活页笔记本的优点在于方便拆装。在同时记录几个不同的主题时，可以灵活装订。

图 4-5　用 B5 方格笔记本记录文献内容示例

（三）用电子设备记录

当今社会已经迈入数字时代、智慧时代，人们可以十分便利地使用电子设备协助科研工作的开展。如图 4-6、图 4-7 所示，最为直接的一种方式，便是可以随时随地将所读、所想记录在设备中，也可以比较便捷地将多个设备中的记录内容进行互传、整合、归纳、加工等。

2023年10月10日 下午9:06

传统知识权的内容应当涉及精神权利和财产权利两类，具体包括：

1、来源标示权，即传统知识持有人有权要求他人在使用传统知识地标日月该传统知识的直接来源和原始来源的权利。
2、保持传统知识完整权，即传统知识持有人有权防止其传统知识受到歪曲、篡改和贬损的权利。
3、事先知情同意权，即传统知识持有人有权对传统习惯之外获取、传播和利用传统知识的行为享有事先知情、同意和许可的权利。
4、惠益分享权，即传统知识持有人有权合理分享基于使用传统知识而产生的经济利益或其他利益。
——P175-176

地理标志保护传统知识的优势表现在几个方面：
1、地理标志具有"群体性"特征，这使得它保护传统知识具有优势。
2、地理标志保护老的知识，不以"新颖性"为要件。
3、地理标志的保护期限可以不受时间限制，这亦符合传统知识的需求。
4、地理标志不能自由转让，这也和传统知识高度契合。

——P182-184

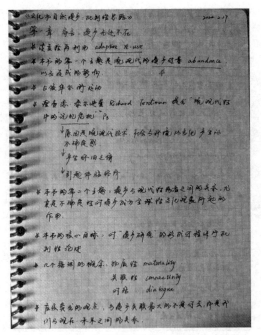

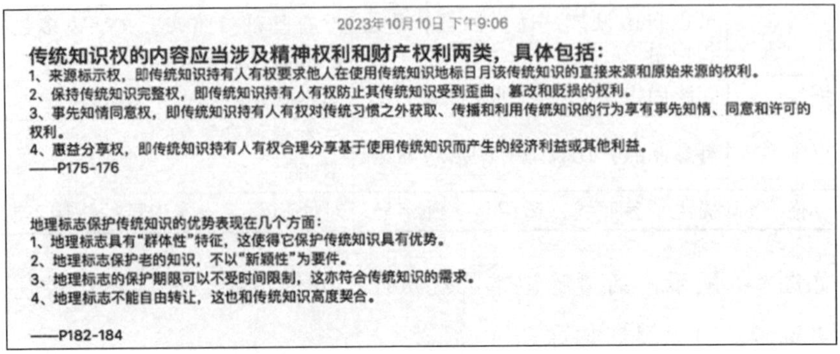

图 4-6　用手机备忘录摘抄文献内容示例

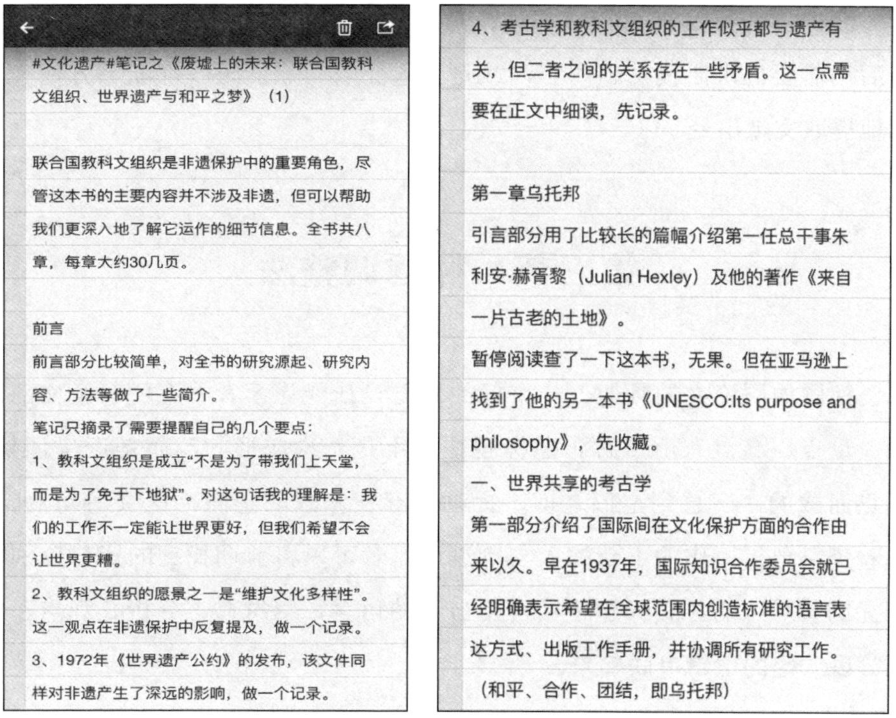

图 4-7　用手机备忘录记录阅读心得示例

需要注意的是，为了避免摘抄内容与自己所写的原创内容混淆，为后期查找引文信息带来困难，在摘抄学术文献、资料的同时，涉及原文引用的部分要注明文字来源，包括作者、书名（论文名）、出版社（发表期刊）、发表时间、页码、网址等。如：

> 原始人感到需要在世界上生存得具有合理性，这种来自内心的迫切需要促使他们提出和遵循时空的因果规律，从而从时空角度建立起物体世界，就像我们唯理智论者习以为常的那样。
>
> ——［德］阿尔弗雷德·韦伯.文化社会学视域中的文化史.姚燕，译.上海：上海人民出版社，2006：21.

这种方法不仅有利于学术规范意识的培养，也可视为一种文献摘要。当后期需要再次研读文献内容，或是查看原著、原文时，都能够方便、清晰地提取文献出处。

第三节　标题调整法

标题如同论文的骨架。一个好的标题设计能让读者一看便对全文的结构、重点、亮点有所了解。但标题往往不是一次成形的，而是逐步调整、修正而成的，一直到定稿之前，提纲都存在修改的空间。在撰写初稿时，随着资料分析工作的不断深入与推进，作者可以将前期找到的资料分别归到提纲所对应的各级标题下，再用自己的语言，将材料、分析、观点、结论等以一定的逻辑串联起来。

一、标题的完整性

各级标题应该覆盖了论文的主题、研究对象、研究重点、分析过程、研究结论等。在写作过程中，写作者可以随时检查标题是否设计合理、结构是否完整、重点是否突出。可检查的要素包括但不限于以下几个方面。

- 提纲的各级标题是否完整？
- 各级标题之间的关系是否合理？
- 研究对象的现状如何？
- 目前呈现出哪些特点？
- 正面的例证是什么？是否充分？
- 研究对象存在的不足之处及例证是什么？
- 相对重要的论点是什么？
- 目前得出的关键性结论是什么？

• 以上各项是否都能在提纲中表现出来？

如果上述各个要素还未能充分地体现在各个标题里，便可以逐条进行补充与调整，以凸显论文的架构与核心。

二、标题的层次性

在撰写初稿时，写作者常常面临"无话可写"的困扰，感觉所有掌握的信息、资料和分析，都已经"堆砌"到文档中了，困惑于如何还能继续有效地填充内容。从标题的层次关系入手拓展内容是一个比较实用的技巧。

实操示例

作者在撰写《双减政策背景下×市培训机构的发展分析》一题时，先列出了论文的一级标题，并按此框架收集资料、撰写初稿。

一、×市培训机构的现状

二、×市培训机构的发展机遇

三、×市培训机构的发展困境

四、×市培训机构的发展建议

论文仅有一级标题显然是不足以体现论文框架的独特性和支撑力的。随着资料不断丰富，可以对每个一级标题下的子标题进行逐条检查，适当地扩充下级标题，令覆盖的内容较为全面，标题之间的关系较为清晰。例如：

一、×市培训机构的现状

（一）机构数量

展示、分析与机构数量相关的统计数据

(二)机构类型

可按机构的主要课程、面向群体、规模大小等特征,对机构进行分类

(三)机构分布

展示、分析与培训机构分布区域的调查资料

一级标题"一、×市培训机构的现状"下的二级标题"(二)机构类型",仍可以继续列出三级标题,例如:

1. 应试课程培训类机构大幅缩减
2. 艺术技能培训类机构较为平稳
3. 体育健康培训类机构有所上升
4. 素质拓展培训类机构渐被关注

参考以上所示范的各个步骤,对各级标题进行适当补充,能让写作的思维更为开阔,论文所论述内容的角度也可以更全面。

三、标题的聚焦性

写作的时候,段落主旨要清晰,尽量一个标题对应一个分论点,标题之间不重复、不遗漏。每个标题下的内容则由论点、论据、分析过程、分析结论构成,做到叙述有力、逻辑清晰、观点明确。

实操示例

请看下列三个标题。

(一)培训机构宣传不足,家长信任度不高

(二)培训机构品牌形象影响力弱,教学质量良莠不齐

(三)师资团队年轻化,教学经验不足

对标题进行分析可知,"培训机构宣传不足"和"家长信任度不高"是两个角度,合并在一个标题下,写作时容易出现含混不清的问题。因此可以将其拆分为两个标题,再分别论述。

"培训机构宣传不足"的问题可以拓展为三个方面:

(1)宣传途径较单一:表现为机构仅在商圈附近发传单;

(2)宣传的手段较表浅:表现为机构的竞争策略主要是价格战;

(3)宣传的方式缺乏技巧:表现为机构主要通过向路人赠送礼品、留下路人的联系方式、向潜在用户打电话推销等方式对品牌进行宣传。

"家长信任度不高"的问题也可以拓展为三个方面:

(1)对经营状况缺乏信任感:机构未及时、透明地与家长沟通经营状况;

(2)对师资队伍缺乏信任感:教师队伍流动量大,人员更换频繁;

(3)对培训效果缺乏信任感:参加培训学员的成绩未适时向家长公开。

同理,"品牌形象影响力弱"和"教学质量良莠不齐"也可以分成两个标题分别论述。

而标题(三)中的"师资团队年轻化""教学经验不足"之间存在一定的因果关系,因此可以作为一个整体进行写作。

经过上述分析之后,原本的三个标题就调整为了五个标题。

(一)培训机构宣传力度不大

(二)家长信任度不高

(三)培训机构品牌形象弱

(四)教学质量良莠不齐

(五)师资团队经验不足

学术论文的组织结构对呈现研究成果来说十分重要。通过上述方式对标题进行延伸,各部分内容能分别进行较为完整的分析与论述,从而扩充论点的多样性,也提升整体叙述的丰富性。

请分析以下标题存在的问题,并进行调整。
(1)非遗传承人老龄化,获补贴偏少;
(2)非遗产品与现代审美不符,市场价格较高;
(3)非遗宣传手段有限,数字化程度低。

第四节　内容增减法

作者在研究过程中,随着所掌握资料的不断丰富,知识结构的不断拓宽,专业水平的不断提升,对写作主题的想法也会愈加复杂。因此,将自己的新认知、新收获,甚至所参考的学术资料源源不断地灌输至论文里,是常见的写作状态。然而,并非所有语言、图片、素材、表格对论文都能起到协助作用,无关内容的加入反而会影响核心论点的呈现,扰乱作者与读者的思路。因此,当论文写作进行到一定程度时,要借助合理的增减思维,对内容进行优化和删减。

一、连接语拓展法

随着积累素材的不断增加,可以对它们进行整理,将材料、观点按清晰的叙述逻辑组织起来,并与提纲目录形成一一对应的关系。例如,将一个词拓展成为一句话,将多个句子逐渐延展成为一个段落,可借助一些连接语、过渡语、衔接词来增加现有内容的层次性,使主次、递进、并列、分总、接续等关系更为清晰。

常用连接语示例

一方面表现为……另一方面表现为……

最突出的特色是……第二是……

首先表现在……其次是……最后是……

除上述各个要点外，还要指出的是……

这一趋势从三个层面体现出来，分别是……

实操示例

下面这个段落是阅读文献过程中所做的记录。这段记录内容简短，描述不完整，语言的流畅程度也明显欠缺。

节日的产生原因是非常多样的。源于对时间记录的需求，求偶、事件人物的纪念，作为一种文化制度的表现。

可以借助"第一……第二……第三……第四……"这组衔接词，将以上段落修改扩充为以下几段。

《说文》中对"节"的解说是："节，竹约也"，可见"节"早期的含义便是竹枝上的节点，强调了这个字的间断性与延续性。在"节"向"节日"的演变过程中，无疑受到了人类社会对事物、习俗的认识不断深化的影响，并至少蕴含着几个方面的含义。

第一，节日与早期人类社会对时序交替的认识有关。古人仰观天象，俯察地理，逐步在时序轮换中掌握了季节、物候更迭的自然规律，并产生了早期的历法。逐渐地，人们开始将一年确定为365天，并划分为有序的几个周期，如12个月、二十四节气等。每到一个衔接点，人们便举行相关的活动，以示标记与纪念。

第二，节日也与古代社会产生的家族观念有关。在以血缘为纽带的家族制度兴起后，人们愈发重视家族内部社会关系的稳定与调节，整个家族的劳动与生活均围绕着一定的自然生态规律有序展开，节日则为家族成员提供了一年当中数次重要的集会机会，以形成更强的家族凝聚力。

第三，节日还与人们对历史事件、历史人物的纪念活动有关。各个社会群体在漫长的演进过程中，形成了各自的辉煌与艰苦交错的历史，在建设家园的历程中，也出现过值得被后辈铭记的重要人物。皮珀认为，"与节庆历史同时并行的是节庆诠释的历史"①，节日为社区成员带来了重温历史的契机，人们在对往昔的追忆中，再度强化对自身社会身份的认同，强化对社会文化保存、保护与延续的意识。

第四，节日还与人们的婚恋习俗相关。在医疗、健康、生育水平都比较低下的远古社会，人类孕育生命、抚养生命的能力与知识都比较有限。而人口的多寡直接影响氏族、家族，乃至家庭的延续及兴衰。因此，人们便在社会生活中将对于生命繁殖的朴素追求置于重要地位，积极地推行与男女相会、男女结交相关的节日。在《周礼·媒氏》中便记载了久远的风俗："中春之月，令会男女，于是时也，奔者不禁"，意为仲春时节是男女相会、氏族通婚的时节。

借助连接词整理内容，是一个由点及面，将零散的内容串联成为一篇相互印证、具有逻辑关系的文章，将每个写作版块逐步延展和扩充，最终完成一篇结构完整的学术论文的过程。

二、论点展开法

学术论文是由若干论点构成的。当写作者提出自己的观点时，往往需要展现翔实的论证过程，清楚地阐述作者的调查与分析。撰写初稿时，可

---

① 皮珀. 节庆、休闲与文化[M]. 黄藿, 译. 北京：生活·读书·新知三联书店，1991：38.

以先用"开场白—方法介绍—阐释—分析—小结"的基本格式组织内容，逐一完成每个论点的内容写作。

实操示例

《双减政策背景下 × 市培训机构的发展分析》一文中设置了"一、×市培训机构的现状"这个一级标题，也设置了"（一）机构数量"这个二级标题。关于机构数量的阐述，可以参考以下思路撰写。

- 开场白

首先，用一两句话总体概括近年来 × 市培训机构发展的情况，如发展迅猛、态势蓬勃、稳步上升、井喷式增长、逐渐成熟、较为平稳等。

- 方法介绍

简要介绍该部分的研究采用了哪种调查方法，如通过对地图上公开标注的地址进行采集，整理了该市培训机构数量与名称等相关信息；通过查阅管理部门所公布的统计数据，以及实地走访调查等方式，获得了"双减"政策出台前后培训机构数量的变化材料。

- 阐释

将与培训机构数量有关的信息再次进行角度细分。例如，根据由×××处获得的数据统计，× 市在双减政策前，培训机构已经有所发展，并形成了国内品牌连锁类、省内（本市）品牌连锁类、非连锁类、个体工作室类等多种经营类型。作者还可以根据自己所获取的实际资料继续拓展类型，并加以分析，以此拓展与充实内容。

国内品牌连锁类：共有知名培训品牌 ×× 个，如 ABCD。A 品牌下有连锁机构 ××× 家，B 品牌下有连锁机构 ××× 家……

省内（本市）品牌连锁类：共有培训品牌 ×× 个，如 A、B、C、D。A 品牌下有连锁机构 ××× 家，B 品牌下有连锁机构 ××× 家……

非连锁类：指的是单店经营的培训机构，此类机构共 ××× 家。

个体工作室：指的是由教学者本人经营管理的小微规模工作室，此类机构共×××家。

• 分析

对×市在"双减"政策后各类培训机构数量增减变化进行对比分析，并标明波动的具体情况与相关数值。与数据变化相关的内容可以加入图示，以丰富论文的表达形式，如柱状图、折线图、饼图等。

• 小结

对以上分析内容进行简要总结，阐述双减政策对培训机构带来了何种影响。

参考上述方式展开每个论点的内容，不仅能够较好地突出研究重点和研究过程，提升文字的说服作用，对写作者的思路整理也是一个很好的训练。在这一过程中，那些原本未充分认识到的观点可能会渐渐显露清晰，使写作者更有信心完成论文写作计划。

三、内容删减法

有学者将内容删减法概括为"米开朗琪罗法"。众所周知，米开朗琪罗是著名的雕刻艺术家。在雕刻艺术里，所有完美的造型的塑造，本质上都是通过将原材料中多余的部分剔除，显现出精华的造型与细节后，才宣告完成的。论文写作也是如此，拼凑在文档中而不传达精彩思想的内容会对文章的主线形成很大的干扰，所以写作进行到某个阶段时，必须从"发散式写作"变换到"聚焦式写作"，将不相干的内容毫不犹豫地删除，观点的本质才会清晰地呈现。

当然，在论文最终完成之前，任何资料都可能还有用途。为了避免有效内容被"误删"，同学们可以在写作中参考下述操作方式。

实操示例

整理论文的内容，并将每个标题按照图4-8所示打上标记。

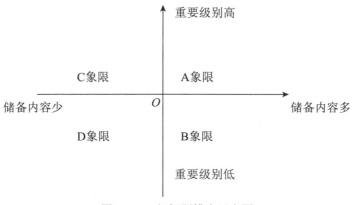

图 4-8　二级标题排序示意图

新建一个名为"论文草稿"的文档,将其处于 D 象限,也就是对于文章来说既不重要,所储备的资料观点也不多的内容,以及虽然言之有物,但与目前的提纲不甚协调的内容剪切到该文档中。剪切后,有些原本看似饱满的段落会因此变得单薄,或是原本看似流畅的段落因此衔接不太顺畅,可以重点对这些段落进行语言调整与修改。

"论文草稿"里所储存的段落、语言,以及零散的词汇只是暂时影响了论文的风格与合理性,并不代表这些思考片段是无效、无用的。即使是一个偶然记下的关键词、一句话、一个问题,都有可能在后期写作时为写作者带来启发。因此,这个文档可以作为"写作笔记"一直予以保留,直到写作者十分确信不再使用、参考文档中的记录文字时,再予以清除。

第五节　结构完善法

初稿不等于草稿。一份完整的初稿,尽管在研究的深度、观点的透彻程度、论证的严密性、描述的准备性等方面或许还存在不足,但学术论文应有的各个要素,在初稿中应当完整体现。这样做有着显而易见的益处——当写作者将初稿提交给指导老师或是评阅专家审读，并请求其提出修改意见的时候，老师可以快速、清晰了解写作者现阶段的写作优势与困境，给予针对性的建议。一篇适当的"初稿"应当包括以下几个部分。

一、标题

标题包括篇名（即主标题、副标题），以及文章中各级标题。研究对象、内容、重点等如同论文骨架，在各标题中均有清晰、准确的体现，如《经典漫画化：文化典籍超文本改写的理据、模式及方式》[①] 这个标题中，一目了然地体现了研究对象是"文化经典漫画式改编的作品"，研究内容是这类作品改编的理据、模式与方式，研究的创新之处是将"改编"这一实践活动进行了理论归纳与分析；《博物馆的空间与记忆叙事对文化认同的建构与形塑——以中国太极拳博物馆为例》[②] 一文从标题上便可了解该项研究围绕"中国太极拳博物馆"展开，由小见大地探讨了博物馆的空间与记忆叙事对文化认同的影响。清晰的标题设计便于作者以此为基点，考量自己所提出的论点、论据以及各个下级标题是否都与研究内容的整体设计相一致。

二、摘要

国家标准《GB 6447—1986 文摘编写规则》中对摘要的定义是"以提供文献内容梗概为目的，不加评论和补充解释，简明、确切地记述文献重要内容的短文。"论文摘要又分为长摘要与短摘要，字数约在 150 字至 400 字之间。摘要的字数虽不多，但要求写作者有较好的概括能力、对全文的

---

① 李志凌. 经典漫画化：文化典籍超文本改写的理据、模式及方式［J］. 深圳大学学报（人文社会科学版），2023（1）：143-151.

② 韩晓明，乔凤杰，杨慧. 博物馆的空间与记忆叙事对文化认同的建构与形塑：以中国太极拳博物馆为例［J］. 西北民族大学学报（哲学社会科学版），2023（1）：125-133.

结构有较好的把握能力，可以在简短的篇幅内，以凝练、简洁的语言对全文的重要成果、重要发现进行阐述。

示例：

《西部民族省区非物质文化遗产扶贫开发研究——以国家级手工技艺类非物质文化遗产为例》①一文的摘要部分如下。

西部民族八省区是我国贫困人口多而集中、贫困程度较深的地区，扶贫开发工作重要而艰难，开发任务也更加繁重，非物质文化遗产扶贫开发作为扶贫开发的创新方式成为应对这一复杂而繁重任务的重要手段。这种集政府行政性、合作共同性、全面针对性、持续激进性、开发保护并重性特征于一体的扶贫开发方式具有结构、主体、客体、金融条件上的实施可能性。政府主导与社会参与相结合、创新人才培养与产品相结合、资源整合与区域合作相结合是实行这一扶贫开发方式的主要路径。

该篇摘要以"西部民族八省区是我国贫困人口多而集中、贫困程度较深的地区，扶贫开发工作重要而艰难，开发任务也更加繁重，非物质文化遗产扶贫开发作为扶贫开发的创新方式成为应对这一复杂而繁重任务的重要手段。"为首句。在这句话里开门见山地界定该选题研究的对象集中于"贫困人口多而集中、贫困程度较深的西部民族八省区"，突出了研究的特殊性与必要性。摘要的第二句话是："这种集政府行政性、合作共同性、全面针对性、持续激进性、开发保护并重性特征于一体的扶贫开发方式具有结构、主体、客体、金融条件上的实施可能性。"这句话总结了全文的研究重点，并将扶贫开发方式准确地概括为"政府行政性""合作共同性""全面针对性""持续激进性""开发保护并重性"等几个词。摘要的第三句话是："政府主导与社会参与相结合、创新人才培养与产品相结合、

---

① 刘永飞.西部民族省区非物质文化遗产扶贫开发研究——以国家级手工技艺类非物质文化遗产为例.中州学刊，2013（10）.

资源整合与区域合作相结合是实行这一扶贫开发方式的主要路径。"这句话言简意赅地指出了研究的结论，也是作者的态度，即对"政府主导与社会参与相结合、创新人才培养与产品相结合、资源整合与区域合作相结合"这一路径的认同。

初学写作者在撰写摘要时，比较常见的"无效写作法"便是用 80% 的篇幅进行一般性的资料介绍，再用 20% 的篇幅作蜻蜓点水式的收尾，应该呈现的论文关键信息，如研究方法、研究对象、作者的主张等，未能有力地予以说明。

实操示例

作者观察到城市中的培训机构数量越来越多，不仅针对青少年学生群体的培训种类很丰富，还出现了大量针对非学生群体的培训机构，以市民的自我提升需求为服务目标，开展职业技能培训、外形塑造培训、身心健康培训等项目。作者对此展开了调查研究，并撰写了《城市成人培训行业发展的契机、现状与趋势分析——以×××市为例》。摘要的部分作者撰写如下。

随着经济社会的发展和人口结构的变化，成人培训机构的市场需求空间逐渐增大。培训机构为大众带来了增强能力的机会，如同初升朝阳，成了一个蓬勃发展的行业。城市依托着丰厚的文化资源，课程形形色色，五花八门，十分丰富，对市民的工作与生活品质起到了重要的提升作用。×××市目前已有 300 余个面向成人的培训机构，分布在城市的各个商务区、住宅区。本篇论文对该现象进行了研究，分析了该行业蓬勃发展的原因，总结了行业的趋势，并提出了自己的见解。

上述摘要共 200 余字。其中，随着社会经济的发展和人口结构的变化，成人培训机构的市场需求空间逐渐增大。培训机构为大众带来了增强能力的机会，如同初升朝阳，成了一个蓬勃发展的行业。城市依托着丰厚的文化资源，课程形形色色，五花八门，十分丰富，对市民的工作与生活品质起到了重要的提升作用。在摘要的比例中超过二分之一，而对城市当中面向成人的培训机构的发展进行了一般性描述，未很好地阐释独特的选题背景。接下来，作者用"×××市目前已有300余家面向成人的培训机构，分布在城市的各个商务区、住宅区。"这一句简短的话粗略地介绍了该市成人培训行业的发展。最后，作者试图指出论文的核心所在："本篇论文对该现象进行了研究，分析了该行业蓬勃发展的原因，从中总结了政府的引导策略，指出了突出的问题，提出了自己的见解。"然而细读这几句话便能发觉，"作者进行了何种研究""作者认为该行业蓬勃发展的原因是什么""作者总结了哪些行业趋势""作者提出了哪些见解"等关键性的研究成果，在摘要中均未体现。

为避免出现"无效摘要"，初学者可以借用以下句式来概括。

本篇论文针对＿＿＿＿现象（或个案）展开了＿＿＿＿方面的研究，对于从中发现的特点（或问题、趋势），得出了＿＿＿＿结论（或对策、思路、思考等）。

参考这一句式，《城市成人培训行业发展的契机、现状与趋势分析——以×××市为例》一文的摘要可以撰写如下。

×××市的成人培训行业近年来蓬勃发展，对满足市民的文化需求发挥了重要作用。本文对市内300余家培训机构的分布区域、课程类型、经营方式进行了调查与分析，发现除了将课程带来的知识提升作为主要业务外，拓展人际关系、提供情绪价值、追求高质量闲暇成为成人培训行业的特色营销。该市的成人培训课程呈现出个性化、碎片化、社交化、圈层化等趋势。同时，有效评估教学效果、提升教学质量、加强师资监管也是这一行业需要解决的问题。

三、关键词

学术论文的写作与发表，不仅仅记录着作者本人的科研过程与成果，也会对同一学术领域中的其他研究者形成参考价值。关键词的主要作用是便于他人检索、便于读者快速了解论文主题。通常每篇论文设置的关键词是 3～6 个，应较为精准地反映文章的核心概念、专业术语、研究对象等。也有编辑指出，关键词必须为具有特定的实际意义，应当是名词或名词性的词组。① 例如，《乡村文化治理能力建设：从传统乡村走向现代中国乡村——三论乡村振兴中的治理文明变革》② 一文的关键词为：乡村振兴、乡村文化治理、能力建设、共同富裕、治理文明变革、乡村现代化。《文化遗产与文化遗产学学科建设》③ 关键词设置为：文化遗产、文化遗产学、学科建设。

四、引言

引言也称为导言、导语，约占全文篇幅的 10%，用以简要说明该论题研究的目的、范围、研究设想与意义等。《芝加哥大学论文写作指南》建议引言着重于表达四个部分：综述研究背景、表述研究问题、指出研究问题的意义、提出作者的主张。④

示例：

《契约、中间人与规则：非遗保护的行动逻辑》⑤ 一文的引言如下。

21 世纪初，全面兴起的国际性非物质文化遗产（以下简称非遗）保护，很大程度上改变了人类的文化与学术生态。非遗保护成为学术研究的持续

---

① 张积玉. 社科期刊撰稿与编辑规范十二讲 [M]. 西安：陕西师范大学出版社，1994：54.
② 胡惠林. 乡村文化治理能力建设：从传统乡村走向现代中国乡村：三论乡村振兴中的治理文明变革 [J]. 山东大学学报（哲学社会科学版），2023（1）：1-17.
③ 潘鲁生，王佳. 文化遗产与文化遗产学学科建设 [J]. 民俗研究，2023（1）：18-25，156.
④ 杜拉宾. 芝加哥大学论文写作指南 [M]. 雷蕾，译. 北京：新华出版社，2015：116.
⑤ 宋俊华. 契约、中间人与规则：非遗保护的行动逻辑 [J]. 中央民族大学学报（哲学社会科学版），2021（4）.

热门话题。作为联合国教科文组织（United Nations Educational, Scientific and Cultural Organization，简称 UNESCO）《保护非物质文化遗产公约》（The Convention for the Safeguarding of Intangible Cultural Heritage）的缔约国，中国高度重视非遗保护工作，在坚持公约精神基础上，把非遗保护与弘扬中华民族优秀传统文化、实现中华民族伟大复兴结合了起来[1]。无论是在体制机制建设上，还是在保护措施落实上，我国的非遗保护都充分展现了中国特色、中国智慧，为国际非遗保护工作提供了可资借鉴的中国经验。

在我国各级政府高度重视的推动下，学术界的非遗研究热情高涨。一大批不同领域的专家学者投身非遗研究，承担非遗研究课题，举办非遗学术会议，发表非遗研究论文，出版非遗研究专著，参与非遗保护工作咨询。一个事实上的非遗研究共同体在中国已经建立了起来[2]。经过长时间的非遗保护讨论，学术界在非遗保护价值和意义等核心问题上初步达成了共识，但在非遗保护的一些基础学理问题上仍存在分歧。非遗是客观性的文化存在还是主观性的文化建构？非遗保护是被动的行为还是自觉的行为？非遗教育是自我封闭的还是开放性的？非遗传承是不变的还是可变的？非遗专家是非遗保护的主体还是旁观者？对这些问题的正确回答，有助于从根本上厘清非遗保护的行动逻辑。要把对非遗保护的认识放到人类对自我与他者关系认识的历史长河中来考察。人类对自我与他者关系的认识经历了漫长而曲折的发展过程，其间产生了主体性、主体间性、干预、契约、中间人等概念。这些概念在非遗保护的背景下被重新激活，成为理解非遗保护逻辑的重要工具。基于此，本文就从主体间性、非遗契约、文化干预、非遗中间人、伦理规则、法律规则与科学规则等概念入手，探讨非遗保护的行动逻辑问题。

[1] 中华人民共和国非物质文化遗产法（中华人民共和国主席令第四十二号）[EB/OL]．（2012-02-25）[2021-01-31]．http://zwgk.mct.gov.cn/zfxxgkml/zcfg/fl/202012/t20201214_919523.html．

[2] 宋俊华，论构建非物质文化遗产学科共同体[J]．文化遗产，

2019（2）：1-7.

　　这段引言非常具有条理性地反映了"表述研究背景—表述研究问题—表述研究意义—提出作者主张"这一逻辑结构。作者用"21世纪初全面兴起的国际性非物质文化遗产（以下简称非遗）保护，很大程度上改变了人类的文化与学术生态……一大批不同领域的专家学者投身非遗研究，承担非遗课题，举办非遗学术会议，发表非遗研究论文，出版非遗研究专著，参与非遗保护工作咨询。一个事实上的非遗研究共同体在中国已经建立了起来。"对研究背景进行了概括与综述，总结了从国际公约开始展开非遗保护行动，在中国已经形成了非常深厚的研究经验，甚至已经形成了"研究共同体"。尽管如此，作者认为对非遗保护的研究依然存在可向纵深挖掘的地方，并提出了几个问题："非遗是客观性的文化存在还是主观性的文化建构？非遗保护是被动的还是自觉的行为？非遗教育是自我封闭的还是开放性的？非遗传承是不变的还是可变的？非遗专家是非遗保护的主体还是旁观者？"通过这几个问句，表述了在非遗保护体系、非遗研究体系已经较好地建立起来的当下，依然存在学术分歧的基础学理问题，而正确地回答这些问题"有助于从根本上厘清非遗保护的行动逻辑。"阐明了研究的重要性与必要性之后，作者紧接着表明了研究视角——本文将从一些反映人类对自我与他者关系的概念，如"主体间性、非遗契约、文化干预、非遗中间人、伦理规则、法律规则与科学规则等"入手，探究非遗保护的行动逻辑问题。这篇引言篇幅虽不长，却为全文做出了清晰的铺垫。

实操示例

　　以《双减政策背景下×市培训机构的发展分析》为例，引言部分可以按以下逻辑撰写。

　　（1）用150～200字从专业角度阐述论题的社会背景，如培训机构与社会、文化、经济发展的关系，培训机构在社会文化经济发展中承担的地位、角色、功能等。

（2）用100～150字写×市培训机构发展的大致状况，突出×市在该行业中的代表性，并引出本论题以×市作为具体调研对象的现实意义。

（3）用500字左右对该论题的研究成果进行综述，除了分角度、有条理地归纳其他学者的代表性观点以外，还要将成果相关的信息，如学者姓名、文献名称、发表时间、发表刊物等列出。

（4）用两三句话客观、委婉地指出之前的研究尚未覆盖或深入关注的部分，最后引出本篇论文在这些方面的研究重点，对该论题所形成的补充。

《网络表情包：后现代社会的文化表征与符号》[①] **引言**

现代社会正经历着从工业化到信息化的转变，同时也承载着从现代性到后现代性的社会文化转变。这些转变渗透于社会交往的方方面面，主要体现在：从"宏大叙事"转向"微小叙事"的语言游戏正在消解原有的知识权力；无利害关系的分享状态在矛盾社会中重新建设"情感共同体"；以及非中心性和不确定性主张作用于以信息复制和图像传播为基础的社会再生产秩序。在人人皆成图、处处皆风景的斗图时代，个体在赋予表情包意义的同时，也在无形中塑造了个体生存的文化生态。表情包传递的不再是简单的符号意义，而是一种承载着当代社会文化状态的后现代逻辑。

五、正文

正文即论文的主体部分，一般占全部字数的75%以上。以清晰的框架将各层次的论点、论据和分析过程阐述清楚，并可以根据论证的需要，加

[①] 吴小坤. 网络表情包：后现代社会的文化表征与符号［J］. 人民论坛，2020（4）：136-137.

入数据统计与分析图表、现场调研照片、示意图、设计图等。

正文的框架设计依文而异。《少数民族审美生境与艺术人生的并生与对生》①主体设计比较简练,紧扣选题的主旨,分成"少数民族艺术人生与审美生境的并生"和"少数民族艺术人生与审美生境的对生"两部分。这两个部分又分别用了三个对称、均衡的下级标题作为分论点展开叙述,全文的内容一目了然。

《少数民族审美生境与艺术人生的并生与对生》目录

一、少数民族艺术人生与审美生境的并生

(一)生态环境与审美认识的相吸相引

(二)实践环境与审美理想的相聚相合

(三)日常环境与审美生活的相适相宜

二、少数民族艺术人生与审美生境的对生

(一)环境认识与审美实践的聚形对生

(二)环境优化与审美理想的同构对生

(四)审美生境与艺术人生的耦合对生

三、结语

《三重空间生产:艺术嵌入乡村的路径研究——以蔡家沟艺术试验场为例》②的正文部分结构也比较简洁,共分为两个部分,分别是"文献综述与分析框架"与"蔡家沟村艺术振兴乡村个案呈现"。"文献综述与分析框架"的部分对整篇论文的理论支点"三重空间生产"进行了文献梳理与回溯,并指出从艺术空间生产的角度而言,对空间生产的三个面向可以理解为被感知的面向、被构想的面向以及日常生活的面向。文章的第二大板块

---

① 龚丽娟. 少数民族审美生境与艺术人生的并生与对生 [J]. 广西民族大学学报(哲学社会科学版),2013(7):86-91.

② 王猛. 三重空间生产:艺术嵌入乡村的路径研究:以蔡家沟村艺术试验场为例 [J]. 东方论坛:青岛大学学报(社会科学版),2023(3):137-145.

为"蔡家沟村艺术振兴乡村个案呈现",作者呼应了前述的理论框架,从"被感知的空间""被构想的空间""日常生活的空间"三个角度对蔡家沟的艺术实践逐一进行分析,并归纳出三重空间的建构在加快乡村振兴进程、解决艺术与乡村双重工具化困境中所发挥的重要作用。

《三重空间生产:艺术嵌入乡村的路径研究——
以蔡家沟艺术试验场为例》目录

一、文献综述与分析框架

(一)三重公共空间生产:艺术公共空间生产的三个面向

(二)文化客体化:纯粹艺术的在地性转化

(三)艺术振兴乡村的策略选择:一个分析框架

二、蔡家沟村艺术振兴乡村个案呈现

(一)蔡家沟村艺术试验场基本介绍

(二)被感知的空间:艺术物质空间生产

(三)被构想的空间:艺术精神空间生产

(四)日常生活的空间:艺术社会空间生产

三、结论

《热点时刻的摇滚诠释:以〈乐队的夏天〉为中心的考察》的正文部分设计得较详细。作者先对论文的关键概念逐一作出解释,并回顾了相关文献,继而介绍研究所用的方法,再对其研究的文本《乐队的夏天》展开论述,认为这类节目并不止于"怀旧",其本身已经作为国内摇滚音乐史上的一个"高光时刻",被赋予了承上启下的意义。

《热点时刻的摇滚诠释:以〈乐队的夏天〉为中心的考察》目录

一、诠释社群、边界工作、集体记忆与怀旧

二、研究方法

三、摇滚元素：乐队、现场与乌托邦

（一）乐队作为摇滚的实践主体

（二）摇滚的音乐现场与身体实践

（三）摇滚乌托邦的理想世界与现实关怀

四、中国摇滚的边界工作与价值分野

（一）摇滚的边界工作

（二）边界工作中的价值分野

五、中国摇滚的怀旧实践与未来展望

（一）不止于"黄金时代"的摇滚怀旧

（二）"一代人终将老去，但总有人正年轻"

六、结论

六、结语

结语，也称结束语、结论、余论等，是论文的收尾，篇幅约为整体的10%。写这个部分的时候，写作者已经不是对论文写作一无所知的新手了。写作者应该已经对相关文献进行了深度阅读，在专业理论、研究方法与科学工具的辅助下开展了多次调查研究，基于所掌握的材料、事实，对推论逻辑有所构想，并总结出了各个分论点与总论点。针对研究过程中发现的问题，写作者亦提出了自己的主张与观点。结语部分可以用高度凝练的语言对研究过程作出总结，简要概括目前对论文研究题目的认识，如重要性、代表性、意义等；也可以再次呈现全文研究的焦点，以及研究结论或成果；或是简单提及本文尚未深度剖析，有待继续与学界相探讨的内容。

《再论青年与青年研究：从概念变迁到范式转换》的结语对全文的研究内容做了简要概括，再次指出"范式转换"即"让青年自身更多地参与到青年研究中去"，进而指出这种参与行动的意义是"打开洞察社会变迁的另一扇窗口"。在作者的展望里，继童年作为一种社会建构的概念兴起之后，以青年为分析视角来跨学科完成社会研究，"未来还会有无限的拓展空间"。

例文

《再论青年与青年研究：从概念变迁到范式转换》[①] 结语

以上只是列举了青年研究正在或者有待拓展的部分研究议题。概括地说，范式转换也可以理解为方法论意义上的开放策略，就是让青年自身更多地参与青年研究，不是作为被动的研究客体，而是作为研究主体以及话语的建构者（吴小英，2012）。这种从年轻人的日常境遇和主体性出发的研究，将过程与关系的视角融入了青年概念，可以让青年研究真正回到处在社会转型实践中的青年自身而非人们想象中的青年。而这种回归也不是仅仅为了描绘一个青年的画像，而是打开了洞察社会变迁的另一扇窗口。也就是说，青年成为分析社会的一个基本单位和视角。正如西方在过去的几十年中兴起的童年社会学的新范式所强调的那样，童年作为一种社会建构的概念，也是一种社会分析的变量，以及一个处在时间和历史中的社会行动者；不探讨童年问题，就无法对社会进行充分的解释，因而需要多个学科结合或者跨学科的研究来完成（詹姆斯，2014：61-62，175-195）。这里的童年概念同样可以替换为青年。从这个意义上说，青年研究也应是以青年为分析视角的跨学科的社会研究，因而未来还会有无限的拓展空间。

[①] 吴小英. 再论青年与青年研究：从概念变迁到范式转换 [J]. 青年研究，2019（6）：11.

《代理、模拟与技艺：人工智能文艺生产的哲学阐释》全文讨论的问题围绕着在文艺生产领域里，如何处理人与人工智能的关系而展开。结语当中，作者再次提到，人工智能的出现是对"人类中心主义""主体中心主义"的挑战，同时，人们也要防止人工智能成为新的"压迫式"主体。人工智能的发展已经是不可逆转的趋势，作者认为，面对这一社会现实的合理态度与路径是"将人工智能严格限制在生产领域之中，而不是任其无限制地发展"。

《代理、模拟与技艺：人工智能文艺生产的哲学阐释》[①] **结语**

> 我们可以将人工智能的出现，视作挑战"人类中心主义""主体中心主义"的契机，但是又要防止人工智能成为一种新的压迫式主体。人工智能可以成为人类的一个"它者"，它可以烛照人类的历史和理性，人不再是万物的尺度，毋宁说万物（包括人工智能等人工物）是人类的惊讶，人应该学着如何与万物和谐共处。不是人工智能威胁人，而是人类自己在威胁自己。防止人工智能取代人类、防止人类被机器异化，其根基仍然在于人类自身，需要我们对理性本身、对主客体关系和主奴关系进行反思和批判。人不是工具，也不仅仅只有人的发展是目的，人和自然万物和谐发展才是最终的目的。在此情况之下，我们应该重视人类理性的反思和发展，批判"工具理性"，发展"审美理性"——一种平等自由的理性状态，重视艺术和审美中的主体与客体、人与自然、技术与艺术的融合，用审美理性去引导人工智能技术的发展。将人工智能严格限制在生产领域之中，而不是任其无限制发展：它只是人类生产活动中的一种生产工具，最多只能成为人监督下的生产代理而已，这种思路应该成为我们认识和发展人工智能技术的一种合理路径。我们在发展工智能文艺生产技术时，不能忘却人类真正的艺术，应该更加珍惜人类艺术，重思

---

① 陶锋. 代理、模拟与技艺：人工智能文艺生产的哲学阐释［J］. 哲学研究，2023（3）：66.

人类艺术乃至人类的本质，勿让人工智能剥夺人们通过艺术而达到"自由劳动"的可能。

七、致谢

一般性的学术文章对"致谢"没有硬性要求。但在学位论文写作中，致谢通常是必须撰写的部分。有学者在对人文社科方面博士生论文致谢语开展的研究当中指出，致谢语"蕴含着作者的学术情感和支持来源、方式及内容等，广泛地反映了博士生在求学生涯中的自我关切。"① 没有任何一个科研项目能够在闭门造车当中顺利完成，在论文写作过程中，写作者也许曾反复多次走访某些机构、与某些人进行交流，或是从某些前辈学者的文献当中获得重要的启发，抑或在专业学习上得到过老师的指导与教导，这些都是助力自己完成项目的点滴力量。

从写作规范上来说，论文的致谢语是一个非学术性材料，其风格、篇幅均没有形成严格要求。对作者而言，致谢是一个向给予科研项目帮助的个人与机构致以正式谢意的机会，可以用正式、谦逊、礼貌、简洁的语言表达自己的感谢之情。

 例文

博士毕业论文致谢（节选）

首先，感谢多年社会学、社会工作等学科的洗礼，给了我不太一样的视野和眼光。一方面，社会学作为一门伟大且最具自由潜力的学科，

---

① 李俊飞，赵明洁. 教育学博士生的成长支持与情感关切：一项基于学位论文致谢的内容分析［J］. 黑龙江高教研究，2023（8）：10.

它能够帮助我们鸟瞰整个生活和世界。因此，无论是过去还是未来，它都能从现在的视角出发，既描绘基本的轮廓，也敏锐洞察内在的规律。或者说，社会学的想象力使我们能够揭开历史的真相，展望未来的前景。另一方面，社会工作作为一门具有高度"助人自助"精神、关怀普罗大众的学科，使我有了共情的能力和敢于直面社会的勇气。因此，读博期间，我长期跟随团队和有关部门赴河北易县，甘肃陇南，山东莱芜、荣成，浙江开化，江西井冈山、遂川，四川青神等地考察调研，从而真正践行社会学、社会工作等专业的宗旨和使命，把论文写在祖国大地上。

其次，感谢生逢盛世，让我能够拥有和父辈不一样的生命体验和社会流动的可能。事实上，在一代代国人的努力下，我国已从近百年帝国主义的武力、文化侵略所造成的贫困、屈辱、混乱与种种挫折当中翻过身来，逐渐进入一个崭新、辉煌的历史中。这个时代既使得我能够在过去的一年多时间里到某国家部委跟班学习，和全国人民一同见证"脱贫人口全部脱贫，贫困县全部摘帽"这一历史性时刻，并亲身参与全面推进乡村振兴的开局起步。同时，也使得我能够在某种程度上突破所谓的"内卷"，先后考入中国哲学社会科学研究最高殿堂——中国社会科学院、中国农科最高学府——中国农业大学攻读硕士和博士学位。换言之，应当要感谢这个时代，这片土地，是它们给我和我们提供了改变命运的机会。

再次，感谢我的父母和亲人们，你们始终是我最为坚强的后盾和最为温暖的港湾。其中，我的父亲常常行走在大街小巷、乡间村落，"关注民生，与民同行"，并潜移默化地给我灌输了诸多理念，而最为根本的就是"即便在日后形形色色的世界里体会了失落，品尝了诱惑，经历了幻灭，领受了嘲讽，也不会轻易洗去自己那层名叫'共情'的底色"。

最后，感谢一路走来指导过我的恩师、帮助过我的贵人、关心过我的朋友和同学们。当然，这里需要特别指出的是，跟随我敬爱的博士导师叶老师求学的这四年是我此生最为宝贵、最为难忘和最值得纪念的美好时光。在这四年当中，他时常站在一个非常宏大、富有情怀的视角对我们学生循循善诱，无时无刻不引导着我们将目光看向基层、看向农村、看向普通农民，而且严肃地要求我们做扎根田野、触碰真实、敢于表达的社会科学研究。因此，必须坦然承认的是，我的很多职业选择和人生决定都是在他博大、系统、深邃的思想影响下做出的，他不仅时常告诫我"论文是一辈子的学术印记"，而且逐字逐句阅读和修改了我的博士论文。

八、引文

引文虽不占论文的主要篇幅，但对于文章的学术性、理论性、可靠性等，却能够起到重要的说明作用。它是"检验一篇论文是否包含他人智慧的依据；而这种他人智慧是已经以某种方式进入了公共视野的信息资料。"[①] 学术研究过程应当充分、及时学习与参考他人的研究成果，并适当体现在自己的论文写作中。对于初学写作者而言，谦虚学习、严谨引用他人的观点与分析更是必不可少的训练环节。从发表状态来看，引文可分为已公开发表文献、未公开发表文献、未成文口语实录、未成文学术理念与观点等。作者在引用的时候，要对资料的可靠性、与主题的相关性等进行仔细辨别，对于确实需要引用的材料，应当遵守学术规范，尊重原作者，将所引用的语言文字、数据资料等标注清晰的出处。

---

① 柯林·内维尔. 学术引注规范指南［M］. 张瑜, 译. 上海：上海教育出版社，2013：1.

从引用的格式来看，一般有页下标注和文末标注两种。页下标注即将出处标于当页下方；文末标注即将出处按一定的顺序规则列于全文末尾。

需要注意的是，引用文章是用来辅助说明写作者的研究过程或所持观点的，如下例所示，在所引用的内容之前，写作者应当给予提示。引用内容之后，应当展开适宜的评述，阐明引用这段观点的原因与自己的思考。因此，一般不将引文单独设置成为一个段落。

> **例文**
>
> 《美术》杂志主编尚辉先生曾言："当代中国美术的评判话语是个复合、混搭、多维的价值体系，完全取用西方艺术的价值体系和单纯沿用中国传统艺术的价值观念，都不完全适用当代中国美术的价值判断。"① 这就言明，从事艺术学理论或是艺创理论研究何以选择具有正能量特征的价值观取向及对艺术创新构成准确的价值判断，势必影响接受者和社会认知的导向，这是理论研究的道义和担当所在。②

九、附录

附录并不是论文中必须包含的内容。例如，作者在研究过程中在访谈、推演中整理编写了较为详细的过程，形成了其他需要交代的说明等，但将其置于正文中所占篇幅过大，有喧宾夺主之嫌，不利于文章的整体性与连贯性，便可以用附录的形式将其置于文末，用以读者参考。

---

① 尚辉. 建构以民族和人民为核心的当代中国美术价值体系［J］. 中国文艺评论，2015（1）.
② 夏燕靖. 重回艺术本体：当下中国艺术学理论研究面临的一项关键性论题［J］. 艺术百家，2019（2）：43.

西北大学高小燕的博士学位论文《公共考古视域下文化遗产价值传播研究》共收录了两则附录，分别为"关于陕西文化遗产价值认知现状调查"和"关于秦始皇文化遗产价值认知和传播现状调查"。昆明理工大学丁壁云在撰写硕士学位论文时，则将调查研究过程中采集的图片，以及收集整理的访问记录置于附录中。南京艺术学院陶蓉蓉的博士学位论文《乡村旅游业升级中的艺术介入研究》的附件包含两部分，除了"乡村民宿中的艺术介入情况调研问卷"以外，还收录了该问卷的设计说明。内蒙古大学萨出拉的博士学位论文《社会变迁视野下的乌兰牧骑及其艺术——以内蒙古九支乌兰牧骑的调查为例》采用了"历时—共时"的分析视角，以中华人民共和国成立为起始时间点，研究乌兰牧骑的数次转型与变迁。这篇论文附录中展示的是制作于1980年的安代舞剧《安代之歌》部分剧情的图示（共计12张），用以丰富自己的研究主题。

当文章基本成形后，应当从头到尾进行审读与校对，修改错别字、语病，并对照要求调整格式。此时，一篇学术论文的初稿就完成了。初稿完成的时刻，写作者既感觉释然与轻松，同时又对论点的严谨性、逻辑性还不甚自信。实际上，这是任何人都会经历的心路历程。要记住初稿给自己带来的成长，这个过程"向你提供了一个可以独立完成大量工作的机会，它也能更加全面地反映你的技巧和能力。在这个过程中，你将展示出你有能力管理一个大型调查项目，组织安排你的计划表，设定目标，始终保持动力并对结论进行合理、有序的介绍。简而言之，你要告诉自己、论文评审们和未来的雇主，你有承担大型项目并获得成功的能力"。①

没有任何学者的学术成果能够一次成型，所有人都必须不断检视自己的成果，在审阅者的帮助下对不足之处进行修改与完善，最终形成较

---

① 格里瑟姆. 本科论文写作技巧［M］. 马跃, 王灵芝, 译. 大连：东北财经大学出版社, 2015：5.

为成熟的阶段性学术文献。因此，初稿完成后，可以提交给指导老师或是专业领域内较有经验的学者，听取修改建议，对文章进行全盘调整与润色。

最后提醒写作者注意的是，初稿不是定稿，因此不必对初稿质量抱有过高的期待，以免强化写作时的焦躁情绪，干扰写作的正常进度与良好心态。但初稿也不是草稿，在完成之后，提交给指导老师或评审专家审阅之前，必须对全文进行校对，避免因为错别字、语法错误、排版混乱等问题而造成对方阅读的困扰。

运用本章介绍的方法，在一周内完成一篇论文的初稿，篇幅约7000字。

第五章

论文修订

◉ **本章重点**

- 在初稿完成的基础上,掌握从框架、篇幅、逻辑、用语等方面,对文章进行全面修改与提升的方法。

完成初稿只意味着完成了一项阶段性的工作。在撰写初稿的过程中，写作者或许已经感受到"再多的理论与知识都不能帮助你获得好的写作效果，除非在学习这些理论与知识的同时，能够结合自己的写作过程切实地使用一些实用的战略与战术"。① 当面对初稿着手修改工作时，打磨的环节才刚刚开始，并且需要一些与初期不甚相同的方法与技巧，有效提升文章的可读性，突出论文的学术水平，确保自己在本阶段的研究经历与收获已经得到了最大化的体现。因此，修订初稿往往是全方位的，论题的主要观点与研究对象、研究范围，各章节与段落的关系，语言与格式的规范性，等等，都有可能在重新审视与沉淀后进行修改与调整。本章将对修改方法一一作出说明与示例。

第一节　明晰框架与条理

开题报告阶段所列出的框架为写作者的初稿写作提供了参考坐标，但并不意味着提纲不能发生变动。事实上，随着写作者思考的不断深入，对论题的内涵、外延相关知识的持续增加，写作者对框架的理解与把握也会产生变化。当然，一篇文章的叙述内容必须有主次之分，不能眉毛胡子一把抓，因此在写作过程中对文章各部分的次序、地位和关系重新进行排序，清晰地呈现出主次、递进、并列、因果等关系，也是十分必要的。

---

① 罗伊娜·默里，萨里·穆尔. 学术写作手册：一种新方法［M］. 上海：上海教育出版社，2011：3.

云南艺术学院学生李杨祺①在撰写本科毕业论文时，初期标题设计为《古村落民俗旅游资源开发的现状、问题与建议——以江西省安义古村群为例》，框架拟写如下。

引言
一、研究背景
（一）古村落旅游发展沿革
（二）民俗旅游研究
二、安义古村民俗旅游资源
（一）安义古村概况
（二）安义古村民俗旅游资源概况
（三）资源特点
三、安义古村民俗旅游资源开发现状与问题
（一）安义古村现有民俗文化类旅游项目概况
（二）安义古村民俗旅游资源开发利用中存在的问题
四、建议

在这篇论文的前期准备与实际写作过程中，一方面，作者曾多次前往实地开展调研，并不断参考其他学者在同类论题中的研究焦点与成果，促使自己观点的成型与成熟；另一方面，作者的撰写时间大约为6个月，写作初期与中后期相对比，所研究村落的旅游业也历经了一些变化。因而，结合实际情况撰写，论文标题在后期修改为《乡村振兴视域下古村落文旅融合发展研究——以江西少安义古村群为例》，各级标题设置如下。

一、前言
二、安义古村群旅游资源概况

---

① 该生系云南艺术学院艺术管理学院2018级文化产业管理1班学生。

（一）古建筑资源

（二）自然景观资源

三、安义古村群开发现状

（一）村落游览服务

（二）旅游配套服务设施

（三）文化体验活动

四、安义古村群旅游发展成效

（一）带动经济增长

（二）解决就业问题

（三）旅游基础设施建设

（四）普及文化遗产知识

（五）加强当地居民文化认同

五、安义古村群文旅融合发展中存在的问题

（一）发展定位模糊，本土特色欠缺

（二）品牌影响力弱，客源范围受限

（三）商业监管欠缺，服务质量不足

六、安义古村群文旅融合发展建议

（一）明确发展方向，深挖文化内涵

（二）加大宣传力度，打造品牌口号

（三）加强系统管理，维护古村风貌

  将两份大纲对比后即可看出，作者后期对所研究的古村落资源把握更为清晰，围绕着该村落群在文旅融合背景下的开发，层层递进地展开了分析论述：先对村落群的文旅资源现实状况进行归纳，再对其已经进行的开发方式给予客观陈述，接下来分别从开发成效与存在问题两方面进行梳理，最后结合自身对安义古村群文旅融发展趋势的研判，提出几则建议。各级标题之间的关系比较明确，既能够展现研究视角的完整性，又避免了重复与矛盾，每个标题的主旨也较为简练明晰，较好地传达了作者的研究思路。

第二节 修改篇幅比例

从写作框架的合理性方面来看，论文中每个平级论点的篇幅应当大致均衡，并适当突出研究重点。写作者可以根据全文的篇幅对文章所包含的每个部分的比例进行预设，并适当根据主次地位进行调整。

一、重在对客观事实的描述与分析

由国家标准化管理委员会制定的《科学技术报告、学位论文和学术论文的编写格式》（GB 7713—87）对学术论文的定义是："学术论文是某一学术课题在实验性、理论性或观测性上具有新的科学研究成果或创新见解和知识的科学记录；或是某种已经应用于实际，并取得新进展的科学总结，用以提供学术会议上宣读、交流或讨论；或在学术刊物上发表；或作其他用途的书面文件。"根据这一说明，学术论文区别于策划方案、活动说明书等，必须为客观事实相关的内容预留足够的阐述篇幅，并体现分析过程与思路的科学性与说理性，而不是略过或跳过客观情况与推理过程，直接将大量笔墨置于"该如何做"等设想类内容上。

例如，李杨祺同学在撰写《乡村振兴视域下古村落文旅融合发展研究——以江西省安义古村群为例》时，最终稿约为1.2万字，其篇幅比例设置如下。

一、引言（约1400字）
二、安义古村群旅游资源概况（约1700字）

三、安义古村群开发现状（约 2300 字）

四、安义古村群旅游发展成效（约 1800 字）

五、安义古村群文旅融合发展中存在的问题（约 1700 字）

六、安义古村群文旅融合发展建议（约 1700 字）

结语（约 700 字）

参考文献（约 400 字）

再以《双减政策背景下 × 市培训机构的发展分析》为例，在写作前可以先对各部分的比例进行预设，作为写作参考。例如：

引言（约 1000 字）

一、× 市培训机构的现状（约 3500 字）

二、× 市培训机构的发展机遇（约 3000 字）

三、× 市培训机构的发展困境（约 2500 字）

四、× 市培训机构的发展建议（约 2000 字）

结语（约 500 字）

初稿完成后，即对照之前所预设的篇幅比例，检查写作较为薄弱的部分，予以填充，使论文每个部分的支撑都更为饱满。

二、重在案例经验带来的正面收获

文化艺术管理类专业在今天的社会中有着融合性、交叉性、应用性比较强的特点，但这并不能抹杀文化艺术研究中的"人文精神"。"所谓'人文精神'，正是从各门'人文科学'中抽取出来的'人文领域'的共同问题和核心方面——对人生意义的追求。"① 在选择一个具有代表性的案例进行深度追踪与剖析后，写作者所要聚焦的结论应当是"它能让社会、文

---

① 王晓明. 人文精神寻思录[M]. 上海：文汇出版社，1996：207.

化、艺术发展获得何种经验",而不是借"批判"之名,过分地着墨,或是带有偏见地放大这一案例所存在的问题与不足。"批判不是简单的驳斥,不是一味地否定,批判是既克服也是保留,是继承也是发展,批判意味着扬弃。"① 因此,在论文的篇幅设置上,作者应当重视科学研究的目的是与社会中的各个角色——研究者、学习者、从业者等进行思想交换、获得收获,共同寻找通往未来的大门与道路,并在比例上体现出这一点。

《非物质文化遗产代表性传承人认定制度探究》② 共包含"非遗传承人的界定""非遗代表性传承人认定制度的实施""非遗代表性传承人认定制度存在的问题——以黔东南州为例""完善非遗代表性传承人认定制度的可能路径"四个部分。这篇文章大约用了 50% 的篇幅对非遗传承人界定的方式、中国当前的非遗代表性传承人认定制度的实施方式进行阐述,用了约 30% 提出完善目前非遗代表性传承人认定制度的建议,而论述非遗代表性传承人认定制度存在的问题大约只占了全文的 20%。

第三节　确定观点的论据充分

学术性是学术论文的首要特点。写作者若尚处于论文写作的初学阶段,在发现与阐述学术观点方面经验还比较薄弱,那么写作时可以采用例证法。例证法是"用典型的、有普遍意义的具体客观事实作为论据的一种论证方法。"③ 写作者在说明自己所持有的观点时,可以阐述、分析获得的一手资料,也可引用其他学者的相关例证,或者是将已被普遍接受的事实作为论据,增加说服力。在写作的具体方法上,可以用"总+分",即

---

① 柯林·内维尔. 学术引注规范指南 [M]. 张瑜,译. 上海:上海教育出版社,2013:8.
② 田艳. 非物质文化遗产代表性传承人认定制度探究 [J]. 政法论坛,2013(7).
③ 童之侠. 学术研究与论文写作 [M]. 北京:人民日报出版社,2016:131.

"短句+展开论述"的格式。

《传统节日的复兴与重建之路》中多次使用了这一方法。在谈到分论点时,先用一个短句概括主题,如"节日需要直接可以品尝、观赏、把玩的节日物质产品或节俗象征物"。接着用一段简短的语言稍作解释,以便读者更清楚地理解主题,如"节日是岁月长河中的特定节点,围绕着这一节点,除了仪式活动外,最引人瞩目的是节物。节日的直观呈现需要一套节日物质系统"。而哪些物质形态属于作者所指的"节物"呢?文章接下来分节日列举了诸多带有象征意义的物品,包括春节的桃符、春联,清明的风筝、空竹,端午节的龙舟、彩旗等。用这一方式将一个论点层层展开,便能有效地将原本单薄的段落拓展得更充实、更完整。

 例文

《传统节日的复兴与重建之路》节选

具体到每一个传统节日的复兴与重建来说,以下三大节日要素必不可少。

第一,节日需要直接可以品尝、观赏、把玩的节日物质产品或节俗象征物。节日是岁月长河中的特定节点,围绕着这一节点,除了仪式活动外,最引人瞩目的是节物。节日的直观呈现需要一套节日物质系统。

从节日饰物与节日用品来说,春节有桃符、春联、窗花、门神画、彩笺、花炮、焰火、大红灯笼等,清明节有风筝、空竹、柳圈、柳叶符、清明吊(类似纸幡,插在坟头上)等,端午节有龙舟、彩旗、艾虎、蒲剑、扇子、小葫芦、五毒符、五色缕、香囊、艾人、天师像、把门猴等,七夕节有彩亭花果、香桥花船、巧针、巧芽、摩睺罗(一种玩偶)、花带等,中秋节有兔儿爷、斗香、灯彩等,重阳节有菊花山、菊花簪、茱萸囊等。

实操示例

《双减政策背景下×市培训机构的发展分析》这一论题，在叙述该市培训机构面临的机遇时，可参考以下步骤组织内容。

第一步：先用"素质拓展培训类机构逐渐受到家长与学生的重视"这一短句概括该部分的主旨。

第二步：再用一小段话对主题句展开论述，如"综合素质训练对于性格的塑造有着长远而深刻的影响，棋类、烘焙类、陶艺类等课程更注重专注、耐心等方面的培养，在'双减'政策的作用下，这类培训机构的数量有所增加。"

第三步：写作者还可加入相关数据或走访所得的材料作为补充说明，令文章的论点更具支撑性。例如，"××市较具知名度的培训机构××学校里所开设的围棋、烘焙、陶艺课程，2021—2023年学员数量均呈现上升趋势，其中于周末开课的陶艺班学员数量较2020年相比，增加了21%。"

同时，写作者要避免写作时出现"悬空式结论"的问题，即完全没有展开论述与分析，也未提供任何与之相关的数据材料，就直接得出了结论，如"大多数小学生都在课余时间选择了对未来职业发展更有帮助的艺术培训""城市里大部分父母忙于工作，缺乏陪伴孩子的时间而选择将孩子送到培训班"等。这些描述武断地将个人的主观看法、感性认识，甚至是刻板印象当作学界的共识，从而影响了研究结论的科学性和严谨性。写作者在进行论文修改的时候，需要对文中所提出的观点逐一进行检查，是否存在未进行论证而直接得到的非共识性结论，并及时做出修正。

第四节　理顺文章逻辑衔接

初学论文写作的人，极容易出现"题文不符"的情况，即主标题与正文之间、各层级标题与内容之间、论点与论据之间没有相互呼应。在完成初稿之后，写作者需要对全文进行逻辑方面的检查。

一是检查论文的关键术语是否贯穿全文。例如，论文题目、引言、结论、一级标题出现过的主要词汇、专业词汇，在正文中是否合理运用。如果主题词汇很难与正文相融合，导致其出现得较少甚至没有出现，说明前期设想的关键术语与写作时所关注的重点存在偏差，应该做出调整。

二是检查描述中是否有自相矛盾之处。观点前后矛盾，表述不一致是论文写作中较为常见的问题，在初学者的文章、在篇幅较长的文章中尤为常见。写作者为了支撑既有的观点，常常在文章的不同段落采用"自我矛盾式"表达。例如，在进行《中国传统文化元素在文创产品中的应用研究》这一选题的写作时，在论证"传统文化元素丰富"这一观点的部分，写作者使用了"我国历史文化悠久，传统文化元素极为丰富，取之不尽，用之不竭，成为诸多产品设计师竞相关注的焦点，并设计生产了大量受到市场青睐的文创产品"等叙述。而为了表示传统文化元素在文创产品中的表现有困难，作者又使用了"近年来，随着文化全球化的趋势愈加明显，年轻设计师受到西方审美观念的影响较深，大量参考西方流行时尚界的设计作品，对中国传统文化元素却不闻不问，导致传统文化元素未在艺术品、工艺品设计中发挥其价值"之类的语言，导致文章前后出现了明显的矛盾之处。因此，在观点的叙述上，对于正反面的叙述均要留有余地，避免使用过于刻板、极致的描写，以免出现上下文不能自洽的问题。

三是检查是否采用了绝对化用词。带有绝对化含义的语言大大压缩了学术论文的探讨空间，是分析论证经不起推敲的重要原因。《泛民俗研究与学科的建设——当代民俗学的发展趋势》一文中写道："在现代社会里，已经有了与以往社会不同的生活环境，有了不同的人文环境，许多传统的民俗学理论已经无法来解释或者无法全面地阐述这些新的生活现象……"[①]

---

① 徐华龙. 泛民俗研究与学科的建设：当代民俗学的发展趋势［J］. 浙江学刊，2002，（3）.

若将这段话改写为:"现代社会的生活环境、人文环境与以往相比已完全不同,传统民俗学理论已经无法解释这些新的生活现象。"文中所使用的"完全不同""无法解释"等词汇将传统民俗学理论在当今社会中的应用价值全盘否定了,这类描述显然不够客观、理性与公正。因此,写作者对现象的观察、描写,都要留出一定的空间与余地,避免绝对化的表达。

> **练习**
>
> 1. 如论文中使用了以下词汇,请结合上下文判断该词汇使用是否合理:
>
> 总是、一直、从不、一点都不、完全、全部、全体、全都……
>
> 2. 以正在写作的论文为例,分析是否适用于以下词汇和短语:
>
> 通常、几乎、很少、几乎不、偶尔、不排除……的可能、有些、有时

第五节　遵守语言与表述规范

学术论文既不是散文,也不是心得体会,更不是网络文学。学术研究类的文章在整体风格、词汇、语言,甚至标点符号的使用上,都有其规范性。口语和书面语混淆、网络语言和学术语言混淆、感性语言和理性语言混淆都是初学论文写作者比较常见的问题。语言技巧需要长期培养,为避免上述问题的出现,写作者平时可以有意识地多阅读学术性文章与著作,养成写读书笔记和文献综述的习惯,以形成较好的论文语感。

一、熟悉论文写作的文体风格

严格地说,一些论文被指出存在语言方面的问题,并不是因为作者有

语法错误，而是文体风格不适用于学术论文写作。写作者可以在生活中多关注不同媒介、场合中文字运用的差异，积累语言运用经验。下面是几则不同文体的作品摘录，写作者可以阅读后对比语言风格的不同之处。

新闻：

2024年4月23日，第三届全民阅读大会图书馆全民阅读论坛在云南省昆明市举办。文化和旅游部党组成员、副部长饶权出席论坛。

本次论坛以"图书馆在全民阅读中的使命与责任"为主题，深入探讨新时代公共图书馆在深化全民阅读、建设文化强国中的价值和使命。来自中国社会科学院、国家图书馆、中国图书馆学会阅读推广委员会、云南省曲靖市陆良县图书馆、上海大隐书局、澳门大学图书馆的相关专家学者作交流发言。论坛上，向获得"文化和旅游部智慧图书馆创新应用优秀案例"和"中国图书馆学会全民阅读基地和阅读推广展示项目"的单位代表颁发了证书。[①]

在新闻写作中，比较注重"何时、何地、何地、何事、为何"五个要素的呈现，不主张带入作者个人的观点，避免采用可能产生歧义、偏见的言论，语言追求简洁、严谨、客观，将事件的来龙去脉交代清晰。由于新闻的传播受体是社会大众，因此词语的选用上又显示出平实、通俗的特点。一些新闻为拉近与读者、观众的距离，也会适当使用一些流行语汇，如"宅男""月光族""AA制""快闪"等。

咨询报告：

2014年，丽江制定出台《关于建设世界文化名市打造丽江文化硅谷的意见》，2015—2018年，丽江市级财政累计投入1469万元，重点扶持37个文化保护、传承、开发及市场推广项目。围绕云南建设"民族团结进步示范区、生态文明建设排头兵、面向南亚东南亚辐射中心"的三个定位，丽江市以全

[①] 第三届全民阅读大会图书馆全民阅读论坛在云南昆明举办.https://www.mct.gov.cn/whzx/whyw/202404/t20240423_952445.htm.

面深化文化体制改革为动力，推动全市文化产业新一轮创新与发展，涌现出了一批优秀文化产业和知名文化品牌，文化产业发展质量和效益不断提升。

——李炎，张晓明，胡洪斌，于良楠，《筚路蓝缕，再创辉煌》[①]

咨询报告通常基于对某个行业、某个地区发展的深度调研，对相关数据进行多维度、全面的统计与分析，对当下的发展状态及未来趋势进行综合研判，为政府、企业的宏观、微观层面的决策提供辅助性依据，语言用词注重严谨、理性、准确、有力。

教学用书：

从广义的角度来看，资源包含人类生存发展所需要的一切物质与非物质要素，具体可分为自然资源和社会资源两大类。前者包括阳光、空气、水、矿藏、植物、动物等自然界中的物质要素，后者包括人力资源、信息资源、技术资源、知识资源以及经过劳动创造的各种物质财富。

——李林主编，《文化资源学理论与案例》[②]

教学用书包括教材、教学辅导书籍、训练类题集等。这类书籍工具性、功能性较为突出，常应用于教学活动中，注重知识的系统性、专业性与普适性。语言文字表述清晰、归纳性强，通常对学界已达成共识的观点展开论述。一些主要用于公共教学当中的教学用书，较为注重教学工作者集体智慧的积累，不着重于突出某一位写作者、参与编写者的个人创意、个人观点的表达。

散文：

我不禁凝望四周：夕阳晚照，和煦的阳光照耀在绿叶上，照耀在山石

[①] 李炎，胡洪斌. 丽江市文化产业发展报告（2000—2020）[M]. 北京：社会科学文献出版社，2021：20.

[②] 李林. 文化资源学理论与案例[M]. 武汉：华中科技大学出版社，2021：7.

上，照耀在挥锄开荒的人影上，哪里有一丝悲凉的意味？简直就是一幅和谐美丽的风景画——不，是一首美好生活的赞美诗！

——黄秀春，《夕阳下的土地——谨以此文纪念我的父母》[①]

散文是一种优美、富于情感的文体。作者注重运用丰富的词汇、标点、句式与修辞手法，如双关、拟物、拟人、排比等，以抒发充沛的个人感情与思考。题材上也十分多样，咏志、咏物、咏情、咏人皆可。

理论研究型文章：

首先，我们在文化研究中不仅要注意到变化着的现实，更要注意促成这样变化的行为主体是如何解释或理解变化本身的。所以，在这个意义上，就像吉尔兹所言，文化研究本质上不过是"解释的解释""文本的文本"，这第一个"文本"是历史本身，而第二个文本则是对前者的解释；其次，把符号作为文化的表征，也就是在符号的形态、结构和规则的变化中寻找文化意义变化的根源。

——周宪，《中国当代审美文化研究》[②]

理论研究型文章即学术文章。这类文章既要体现作者对某个专业领域的理论研读宽度，又要体现作者本人对理论思考的深度，对社会发展、科学发展中所存在问题的观照。在表述的时候词、句、标点注重严谨、客观、理性，重在旁征博引，不断推进学术观点的探讨。

论文写作常用词示例

表陈述：写道；提到；认为；提示；提出；提及；主张；建议；认可；强调等；

---

① 黄秀春. 熬过了时光，温柔了岁月[M]. 海口：南海出版社，2015：14-15.
② 周宪. 中国当代审美文化研究[M]. 北京：北京大学出版社，1997：5.

表同意：同意；赞成；赞同；支持等；

表建议：提倡；提出；鼓励；认为；呼吁等；

表反对：质疑；否认；不同意；反对；驳斥等。

二、网络语言转换为学术语言

我国互联网设备在 2000 年以后快速普及。20 世纪 90 年代以后出生的群体对互联网的使用十分熟悉。作为网络语言创造与传播的主要人群，其表达习惯非常容易受到网络语言的影响。由于在日常生活、工作和社交中常常使用这些流行语汇，因此在进行论文写作的时候，也会自然而然地用到这些语言。网络语言对现代汉语的影响是巨大的，作为社会的一分子，青年们既不能对其视而不见，也不能一概否定。当然，更不能随意照搬。对于带有调侃、戏谑、玩笑等特征，以及在互联网社交平台中具有流行性的网络词汇，一般不适用于更注重严谨、精确、理性叙事风格的学术研讨场合。另外，网络语言的更迭速度非常快，可能几个月、几周后就被人们逐渐遗忘了。因此，除了一些特殊场景以外，对于不符合现代汉语词汇和语法规范的网络语言，应该尽量避免在论文写作中使用。如表 5-1 所示，写作者应时刻查看自己完成的文稿，将那些无意中使用的，并且在科学研究语境下不适宜的网络语言转换为论文语言。

表 5-1 网络语言向论文语言转换

网络词汇	原句	修改后
出圈	2022 年，多部影视作品出圈。	多部影视作品的观众群体明显得到拓展
高燃	这些高燃作品被学生群体所追捧。	这些以理想、青春、信念为主题的作品，在学生群体中引起了广泛的共鸣
打卡	2022 年春节期间，该景区迎来了 2 万多人打卡。	据统计，2022 年春节期间，该景区接待游客人数为 2 万人

续表

网络词汇	原句	修改后
演技尴尬	热播作品常常因为主演的演技尴尬而遭受恶评。	创下高收视率的作品中,也有一些表演受到了专业水准方面的质疑
高赞	次问卷调查里,×××书店的创新举措得到了高赞投票。	此次问卷调查收回的结果中,×××书店的创新举措得到了较高的认可,选择"特别认同"选项的读者有479名
圈粉	这部电影播出后可谓圈粉无数。	据统计,这部电影播出一周时的国内票房为1.3亿元
颜值	该品牌的产品颜值向来很高。	该品牌非常注重产品的外观设计,曾获得过×××、×××等奖项

三、口头语言转换为书面语言

学术论文的语言要求庄重、严谨、准确,写作者应多使用书面语、中性词,不使用或少使用口语、情绪词。例如,《社区参与、社区缺位还是社区主义?——哈尼族非物质文化遗产保护的主体困境》一文中,作者基于实地调查,对"哈尼哈巴"这一非遗的保护困难进行了概括。

如果站在基层文化馆的角度看,要让整个A县的所有传承相关方(摩批、歌手)都参与申报的各个环节,几乎不具有可操作性。其一,这将耗费巨大的人力物力和时间成本,反而不利于"哈尼哈巴"的保护。其二,A县当地擅唱哈巴的摩批、歌手很多,难以详尽统计,因而难以理出一个事先知情、同意名单。其三,非物质文化遗产的理念对A县来说更多的是国家政策的延伸,当地缺乏自觉意识,向传承相关方解释非遗本身就是一个难题。①

---

① 张多. 社区参与、社区缺位还是社区主义?:哈尼族非物质文化遗产保护的主体困境[J]. 西北民族研究,2018(2):33-42.

这段所引的文字如果用口语则改写为下段。

如果站在基层文化馆的角度看，要让整个 A 县会唱"哈尼哈巴"的那些人都参与到申报的各个环节，几乎是不可能的。第一，这会花很多钱和时间，反而不利于"哈尼哈巴"的保护。第二，A 县当地会唱"哈尼哈巴"的人多得数不清，很难理一个名单出来。第三，当地很多人不懂非物质文化遗产是什么。

虽然叙说的大意相似，但第二段用词较为随意，仿佛是从日常闲聊中摘录的内容，因此，口头语言在学术论文的语境中要谨慎使用。

还需要注意的是，除田野调查笔记等特殊文体外，如表 5-2 所示，学术论文写作一般不使用"你""我""他"等人格化的称呼。

表 5-2　口头语言向论文语言转换

原句	修改后
我在走访中发现，本市的 5 家博物馆均研发了主题文创产品	走访中发现，本市的 5 家博物馆均研发了主题文创产品
制陶在当地是一项历史悠久的传统工艺，他也自幼跟随父亲学习	制陶在当地是一项历史悠久的传统工艺，张三自幼跟随父亲学习
这一旅游景点知名度非常高，你来到本地一定会被吸引	这一旅游景点知名度非常高，据统计，去年共接待了 200 万名游客

四、专业术语全文一致

在写作过程中，难免出现错字、别字。写作者在完成初稿后，应仔细校对文中的表述，对关键词汇、专业术语、调查对象等做到"零错误"，如不能将"民族"写为"名族"，"腾讯"写成"腾迅"，"县域"写成"咸鱼"。

全文的专业术语、关键概念、特指名词应当一致。如果该词的全称比较长，反复使用显得句子冗长，影响语言的流畅度，可以在首次使用时以括号加注（以下简称×××），并在后文中使用简写、缩写。简写要尊重约定俗成、广泛接受的方式，或是在全文中的表述固定化。例如，阿里巴巴集团控股有限公司可以简称为"阿里巴巴"，但不能简称为"阿巴"；中华人民共和国文化和旅游部可以简称为国家文化和旅游部，但不能简称为"旅游部"；非物质文化遗产可以简写为"非遗"，但不能简写为"文化遗产""文遗"等。位于云南省澄江市的澄江化石地世界自然遗产博物馆于2020年正式营业，由于其投入运营时间不长，尚未在观众群体和媒体中形成习惯性简称，假如自行将"澄江化石地世界自然遗产博物馆"简称为"澄江博物馆""澄江化石博物馆""澄江自然博物馆"都有可能产生歧义，对读者形成误导。在这类情况下，写作时可以灵活地交替使用全称与"该博物馆""博物馆""该馆""馆内""馆中"等。

第六节　适当运用图表

如果资料中包含大量的数字，可以使用一些图表、图片辅助说明自己的分析过程，令数据对比更为直观。常用的图表有表格、柱状图、折线图、饼图、流程图、方位示意图等。柱状图有利于进行数字对比；折线图有利于反映某一时间周期内趋势、走势变化；饼图有利于反映整体与部分之间的关系。

在使用图表、图片的同时要注意，图表是用来整理庞大、复杂的数据材料的，它的功能是服务于论文写作，将材料、阶段性分析结果、分论点清晰地呈现在读者眼前，而不是喧宾夺主。因此，在选择图表类型、制作图表样式的时候，不能将主要的注意力放在追求图表的炫目浮夸上，而必须要从与论文内容相协调、相适应的方面进行设计。同样，插图能够将所叙述的内容可视化，起到活跃版面、提高读者阅读兴趣、加深读者理解的作用，但学术论文并不是时尚杂志，因此并不需要过多的图片，也不建议在排版设计上过于夸张。对论文有所帮助的方位示意图、现场采访图、产品设计图等，可以适当放置于论文中，用于说明情况，并以不干扰论文观点的叙述为宜。

实操示例 1

通过文化和旅游部官方网站可查询 2019 年至 2021 年度文化和旅游统计公报，并获取以下数据资料。

2019 年年末，全国共有艺术表演团体 17795 个，演出场次 296.8 万场。①2020 年年末，全国艺术表演团体 17581 个，演出场次 225.61 万场。②2021 年年末，全国共有艺术表演团体 18370 个，演出 232.53 万场。③

以上所列举的是三年来艺术表演团体与演出场次变化，如图 5-1 所示，可以通过折线图来表示。

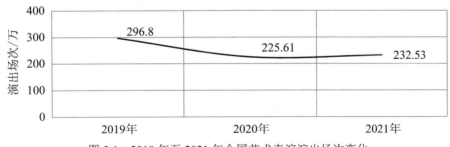

图 5-1　2019 年至 2021 年全国艺术表演演出场次变化

---

① 文化和旅游部政府门户网站，中华人民共和国文化和旅游部 2019 年文化和旅游发展统计公报，https://www.mct.gov.cn/whzx/ggtz/202006/t20200620_872735.htm 2020 年 6 月 20 日．

② 中国旅游报，2020 年文化和旅游发展统计公报发布，https://www.mct.gov.cn/whzx/whyw/202107/t20210705_926196.htm 2021 年 7 月 5 日．

③ 中华人民共和国文化和旅游部 2021 年文化和旅游发展统计公报，https://zwgk.mct.gov.cn/zfxxgkml/tjxx/202206/t20220629_934328.html 2022 年 6 月 29 日．

实操示例 2

从中国非物质文化遗产网公布的资料可得知，截至 2022 年 10 月，云南省被列入国家级非物质文化遗产保护名录的项目共有 145 个。其中民间文学类 19 个，传统音乐类 14 个，传统舞蹈类 30 个，传统戏剧类 17 个，曲艺类 2 个，传统体育、游艺与杂技类 2 个，传统美术类 6 个，传统技艺类 24 个，传统医药类 6 个，民俗类 25 个。

如图 5-2 所示，将以上数据转化为饼状图能更直观地进行对比：曲艺、传统体育、游艺与杂技的项目最少，传统舞蹈所占比例最大。

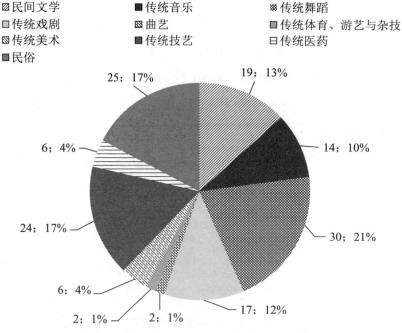

图 5-2　云南省被列入国家级非物质文化遗产保护名录的项目

实操示例 3

我国自 2004 年加入联合国教科文组织《保护非物质文化遗产公约》以

来，开展了一系列规范的非遗保护工作，其中就包括制定与出台系列文件，为各地、各级非遗保护工作提供指引。将这些文件收集整理后，可以用表格的形式予以展现，如表 5-3 所示。

表 5-3　我国非物质文化遗产保护工作相关文件列表（部分）

发布时间/年	发布部门	文件名称
2004	全国人民代表大会常务委员会	全国人大常委会关于批准《保护非物质文化遗产公约》的决定
2005	国务院办公厅	国务院办公厅关于加强我国非物质文化遗产保护工作的意见
2005	国务院	国务院关于加强文化遗产保护的通知
2016	国务院	国务院关于同意设立"文化和自然遗产日"的批复
2017	中共中央办公厅、国务院办公厅	关于实施中华优秀传统文化传承发展工程的意见
2017	中华人民共和国文化和旅游部、中华人民共和国工业和信息化部、中华人民共和国财政部	中国传统工艺振兴计划
2021	中共中央办公厅　国务院办公厅	关于进一步加强非物质文化遗产保护工作的意见

实操示例 4

傣族同胞掌握织布技艺的历史长达千年之久，历史上，也有过傣族使用木棉纤维织出精美的布料，作为贡品呈给朝延的记载。在现代社会中，傣族同胞依然传承着这项珍贵的技巧，多数采用鲜明的对比色，纺织的图案以几何图形为主。随着文化旅游消费市场的兴起，傣族同胞的织锦不仅仅服务于本民族民众的服饰穿着与日常生活，也根据旅游市场的需要，对传统织锦进行了一些改良。如图 5-3 所示，这

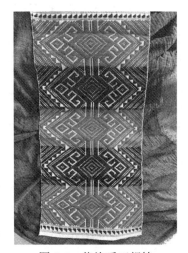

图 5-3　傣族手工织锦

块傣锦依然保留着傣族传统纺织中典型的色彩与图案,但并不用于制作服饰,而是设计为游客便于携带,也便于在现代家居中作为装饰所用的桌垫。

  一篇论文的完成绝非易事。从前期选题的提出与论证,到初稿写作,再经过多次修改后,才能最终定稿。在修改中,作者可以反复对比以下各个方面是否都已有呈现。若答案是肯定的,则说明这篇文章已较为成形了。

- 论题研究的重点、目标是否已在标题中表现;
- 论题的背景是否已经叙述清晰;
- 与论题相关的研究成果是否已经进行了回顾与归纳;
- 专业术语、关键概念是否界定清楚;
- 文章中是否提出了具有独特性的论点;
- 文章的标题是否都与文章内容一致;
- 资料、数据、引文是否都已经标明出处;
- 图表、表格、插图是否都与文章要说明的内容相关;
- 是否每一个论点都已经有充分的资料证据;
- 是否已经没有明显的表达错误,如错别字、语法错误等;
- 是否得出了研究结论。

课后作业

1. 查询上一年度国内票房前十名的电影信息,并用图表的形式呈现所统计的数据。
2. 查询本省列入国家级非物质文化遗产保护名录的项目,并用图表的形式呈现项目特点。

第六章

引用规范

◉ **本章重点**

- 了解引用规范的重要性；
- 掌握引用的规范使用方法。

本书在第二章、第三章、第四章分别介绍了查阅文献的重要性。《高校人文社会科学学术规范指南》中也指出："学术引用是学术评价的重要指标。"的确，查阅与学习他人的研究，是贯穿论文写作整个过程的方法，只是在不同阶段查阅的重点略有不同。本章将针对论文中的引用如何规范使用，进行系统性讲解。

第一节 引用的作用

众所周知，"查重率"是衡量学术诚信的一个重要指标。所有即将进行公开发表、出版的文章、学位论文等，都要经过"查重"的检测。当一篇文章与其他文章的重复率超过允许范围时，往往释放着这篇文章需要提升原创性的信号。也正因为这一原因，初学论文写作者会产生"重复率越低越好"的错误理解，而忽略了引用的重要功能。事实上，闭门造车的态度并不利于学术研究，恰恰相反，优秀的论证式文章在开篇时并不急于表达自己的观点，而是先倾听他人的意见，与持不同想法的人进行换位思考。① 一篇高质量的学术论文，除了包含作者本人的归纳、分析与描述外，还应当借助文献引用来体现作者在学术上广博的视野与思辨能力。

一、突出作者所持有的学术论点

在收集阅读前人研究成果的时候，可以从多个方面获得启发，从而突

---

① 杰拉尔德·格拉夫、凯茜·比肯施泰因. 学术写作要领[M]. 王宇丹, 译. 北京：新华出版社, 2012：1.

出自己所持有的学术观点。一是同意他人的论点。在表达所持学术意见与其他学者相同时，应传递出一种"本人的论点并非孤立，一位具有专业影响力的学者也曾提出过同样的看法"的信息；二是对他人提出的观点有不同意见时，便可以从相异角度进行学术探讨，表达"一位学者在研究中曾提出过 A 论点，而本人并不认为如此"的学术意见；三是在其他人的研究中，还存在未被提及的焦点，便可对前人的研究予以回顾，同时提出自己的见解，对选题的广度与深度予以补充，形成新的成果。例如，《文化论》中，作者在对各派学者的界定进行概括的同时又表明了态度，"这些观点都不是很妥当的"，并进一步引出在文化的概念上自己所持有的主张是"文化是一个组织严密的体系"。我们对于文化及其组合部分的简单分析，最重要的在指明：文化实体是自成一格的（sui generis），需要加以特殊的研究。各派社会学者有的把它相类于有机体，有的把它当作集合心灵，有的把它视作片面的物质利益或精神冲动所决定的结果，我们觉得这些都是不很妥当的。依我们的看法，可以发生许多新的问题。我们认为，文化是一个组织严密的体系，同时它可以分成基本的两方面（器物和风俗），由此可进而再分成较细的部分或单位。① 这样的方式，对于研究观点的阐释便起到了更突显的作用。

二、增加分析论证的可信度

当文章提出一个论点，并对使用的数据、材料都予以详细的出处时，表明资料的来源是可靠、可追溯的。它的说服力比笼统地概括"研究发现""据了解""据推测"更强。在我国城市化进程当中，城中村改造对于各个城市的发展、规划和更新都是一项十分重要的工作。城中村改造并非用"一刀切"的方案就能顺利推进，过程中必须与多个部门、大量

---

① 马林诺夫斯基. 文化论 [M]. 费孝通，等，译. 北京：中国民间文艺出版社，1987：11.

生活在该城市当中的家庭、个体进行对接、谈判、博弈。李怀以×村为案例，撰写"城中村"改造的观察式学术论文时，对该文的资料来源进行了特别说明："2005年6月1日至12月30日，笔者在广州市天河区'城市中改造办公室'做了七个月的实习生，参与了地方政府各部门之间、地方政府与×村村集体之间就'城中村'改造事件进行讨价还价的各种会议，获得了翔实的第一手经验资料。随后，2006—2018年，由于'城中村'改造工作进展艰难，笔者对'城中村'改造事件进行了长达13年的跟踪调查。"①在正文开始前的这段叙述中，作者对自己的工作经历、时长，以及获得一手资料机会的职业身份均作出了说明，读者在阅读后文所提及的资料、数据、采访手记时，无形之中便产生了较强的信任感。

三、对同一领域的学者表示尊重

任何学者在学术研究的道路上都要从旁处学习经验与知识。旁征博引是促使作者学习他人研究成果的动力之一，将论点来源清晰地标注于文章中，是对其他学者表示尊重与感谢的一种方式，能够表明自己曾从哪些文献与成果中获得启发，这一习惯有助于形成谦逊、严谨的学术态度。有些作者会在致谢当中，以更为庄重、郑重的语言对所引用文献的原作者表示感谢，还有些作者会在正文中提及对研究起到了重要启发与参考作用的文献及其作者，在分享和传播学术观点的同时，也传达了谢意。例如，科斯托夫在自己关于城市的论著中，便这样描述自己学术经历中的重要文献。"凯文·林奇的最后一本著作《优秀的城市形式》（*Good city form*，1981年）是我所知道的将城市形式历史的缜密思考和城市设计理论成果结合得

---

① 李怀. 争夺城市空间："正式权力正式行使"的制度分析："城中村"改造中村集体与地方政府博弈的民族志观察［J］. 兰州大学学报（社会科学版），2020（1）：11.

最好的一本书。在这本书中，林奇建立了一个有助于观察研究的组织体系。"① 简短的几句话，已经向读者表明了凯文·林奇及其著作《优秀的城市形式》在城市研究中的学术地位。

四、拓宽学术交流的范围

学术共同体的形成需要研究者们不断相互交流，学术观点交流越深、传播越广，越能够带来启发与进步。如学者所指出的：研究是种具有深刻社会含义的活动。呈现的研究成果不仅把我们与那些将使用它的人连接起来，也把我们与那些我们使用其研究的人连接起来，而且通过这些人，更把我们与原始资料所用到的研究联系起来。② 作者引用某些论述，并清晰地标记其出处，以便于读者根据引注中的标记继续查阅相关的文献，对研究方向进行更深刻的挖掘，这被视为一种学术伦理。陈泳超在《关于"神话复原"的学理分析——以伏羲女娲与"洪水后兄妹配偶再殖人类"神话为例》中多次引用马昌仪《中国神话学文论选萃》中的内容，读者由此便能得到提示，并检索到马昌仪老师所著的《中国神话学百年文论选》《魂兮归来》《中国灵魂信仰》等多部书籍，以及《〈山经〉古图的山神与祠礼》《山海经图：寻找〈山海经〉的另一半》《山海经图的传承与流播》等多篇重要文献，以便拓宽自身在神话学研究方面的视野。

综上所述，合理、规范的引用能够提高论文的学术性，并在不同学者的、不同时期的理论研究成果中不断推敲自身所持有的观点，增强个体对专业知识的了解与把握。从此功能来看，"学会引用"是所有研究者应该积极培养的科研习惯。

---

① 科斯托夫. 城市的形成：历史进程中的城市模式和城市意义 [M]. 单皓，译. 北京：中国建筑工业出版社，2005：15.
② 布斯、卡洛姆、威廉姆斯. 研究是一门艺术 [M]. 陈美霞，徐毕卿，许甘霖，译. 北京：新华出版社，2009：277.

第二节　引用的原则

在《注释、参考文献与新闻类学术语篇的互文性研究》中便清楚地指出："注释、参考文献等是学术论文系统中的副文本。"① 显然，文献引用在论文当中应把握适当的度，并非越多越好。杂乱无章的引用则会起反作用，产生论文主旨模糊、语言衔接不通顺、喧宾夺主等问题，令自己的观点与声音埋没在他人的观点中。因此，当文章加入参考资料时，要遵循以下几个原则。

一、相关性原则

写作者提出论题、采集资料、分析资料并得出结论，是学术论文写作的核心架构，所引用的语言应简明扼要，所反映的主旨应与论文当中的关键概念、专业语汇、核心论点直接相关，对文章起到恰到好处的说明作用。

在《消费文化：从现代到后现代》一书中，"消费"是全书最为核心的概念。作者在开篇便借助《大不列颠百科全书》对"消费"一词的定义进行了解释："消费"是现代商品社会的一个概念，在《大不列颠百科全书》卷四中对它的定义是：物品和劳务的最终耗费。②

《共谋与协办：节日类非物质文化遗产保护的资源化实践——以恩施

---

① 黄小平. 注释、参考文献与新闻类学术语篇的互文性研究 [M]. 北京：中国社会科学出版社，2016：82.
② 杨魁，董雅丽. 消费文化：从现代到后现代 [M]. 北京：中国社会科学出版社，2003：5.

土家女儿会为例》①一文的主要研究对象是恩施土家女儿会这一民俗活动。该民俗活动的举办时间存在地域差异，文章在概述时用标注的方式予以说明，相关简介也一并注明了出处。

恩施土家女儿会发源于恩施石灰窑、大山顶一带，是月半期间②以赶场相亲、对歌传情为主的婚恋民俗③，于2009年被列入湖北省第二批省级非物质文化遗产（以下简称非遗）民俗类保护项目。

《兄妹婚神话的文化人类学分析》④一文梳理了各地兄妹婚神话的类型，并指出兄妹婚神话是创世神话发展到一定阶段的产物，与人类对社会结构的认识有关。在描述这一婚配方式广泛存在于神话当中的现象，并分析其背后的深层心理结构与社会功能时，作者引用了马林诺夫斯基的观点："神话不是为了满足某种科学兴趣的解释，而是为了满足深切的信仰需求、道德渴望、社会服从、社会主张甚至实际需要而经由叙事加以再现的原始现实。"⑤

需要注意的是，在论文中引用有关材料是为了让自己撰写的内容专业性、理论性更强，而不是为了在论文中拼凑一些字数。一般来说，引用的内容不能独立为一个段落，在引用内容之前或之后，应该将这一部分的论点用自己的语言阐释清楚。

---

① 桂胜，谌骁. 共谋与协力. 节日类非物质文化遗产保护的资源化实践：以恩施土家女儿会为例［J］. 民俗研究，2021（3）.

② 原文注：在恩施地区，月半是指农历七月十二。另外，石灰窑、大山顶皆存在女儿会的节俗，但两处时间不一致。石灰窑女儿会是在农历七月十二，处于月半期间；大山顶女儿会是在农历五月初三，在端午节前两天。1995年，女儿会从农村搬到城市，但是恩施市政府、旅游局等官方主体以石灰窑女儿会为基准，在农历七月十二前后组织开展与女儿会相关的文化展演活动，因而本文选取石灰窑女儿会习俗进行分析。

③ 原文注：参见湖北省恩施市政协文史资料委员会、湖北省恩施市民族和宗教事务局编印. 恩施土家女儿会·恩施文史·第十六辑［M］. 恩施：恩施州新闻出版局印刷厂，2005：20-21.

④ 向柏松. 兄妹婚神话的文化人类学分析［J］. 广西师范大学学报：哲学社会科学版，2012（12）：11-16.

⑤ 原文引自：马林诺夫斯基. 神话在生活中的作用［M］//阿兰·邓迪斯. 西方神话学读本. 南宁：广西师范大学出版社，2006：244.

二、可靠性原则

一旦投入于项目研究中，作者就会发现参考文献的数量、种类浩如烟海，几乎每个自己想到的论点、依据的理论，都已经产出了不少的研究成果。对每篇文章都进行精读需要大量的时间与精力，并且完成的难度极高，因而可以在一些简单快速的方法的辅助下，对文献进行初步筛选，判断研究内容的可靠性与专业性。

（1）从作者的研究经历判断：作者的教育经历、从事行业、研究方向与科研经验，都与文献阐述的学术观点有密切联系。在专业领域中已经建立学术声望，具有高影响力的作者，其研究成果往往能为他人提供较为深厚与丰富的参考。

（2）从文章的篇幅判断：正规学术期刊上刊载的论文篇幅通常为8000～13000字。如果全文篇幅低于5000字，那么分析与论证的部分一般较为简略、凝练，对于初学者来说，材料的直观性、丰富性可能比较有限。

（3）从刊物与出版社的级别判断：刊物、出版社的级别与对编审团队的要求成正比。刊物、出版社的级别越高，审稿流程越严谨、评审团队的专业性越强，所刊载文献的可信度越大。因此，在筛选文献的时候，要优先选择知名度高、社会影响力与学术影响力大的期刊、出版社所发表的作品。

（4）从文献所依托的科研项目判断：一些文献在发表时会标注"本文为×××课题的阶段性成果/最终成果"或"本文受到×××科研基金资助"等字样，表示该论文是以某项科研基金为依托展开的系列研究后的成果。一般来说，课题级别越高，研究团队的科研能力越强。

如图6-1中的几篇文章，便是受到不同类型的科研基金资助而形成的研究成果。

社会科学 . 2022,(10) 北大核心 CSSCI AMI

记笔记

“作者论”旅行、“主体性”变迁与电影工业美学生成

陈旭光

北京大学艺术学院

摘要： 作为现代哲学的“元话语”，主体或主体性问题在文艺理论领域表现为艺术家主体、艺术精神、艺术风格等问题的探究。在电影理论界，电影“作者论”理论最早源于法国。从法国“作者论”，到美国萨里斯的“作者论”批评，再到中国的“体制内作者”理论，经历了一场电影“作者论”的全球“理论旅行”。“体制内作者”已经成为中国新力量导演的电影美学观念和电影工业美学理论的重要原则之一。电影“作者论”的“理论旅行”隐含了在全球化时代大众文化崛起，电影观念变革，文化的产业化等重要的文化意义和意识形态蕴含。“体制内作者”观念在新力量导演中的形成并普遍践行意义重大。这标志着新力量导演的崛起和中国电影的工业化转型，也标志着电影工业美学理论生成的重要一步。

关键词： 主体性；“作者论”；“体制内作者”；电影工业美学；

基金资助： 国家社会科学基金艺术学重大招标课题“影视剧与游戏融合发展及审美趋势研究”（项目编号：18ZD13）； 北京市文联文学艺术创作扶持计划专项资金项目的阶段性成果；

DOI： 10.13644/j.cnki.cn31-1112.2022.10.016

专辑： 社会科学 II 辑; 哲学与人文科学

专题： 戏剧电影与电视艺术

分类号： J901

西南民族大学学报(人文社会科学版) . 2023,44(01) 北大核心 CSSCI AMI

记笔记

本雅明视觉文化思想的艺术社会学批判

段吉方　徐锦辉

华南师范大学文学院

摘要： 本雅明在辨析浪漫主义、弥赛亚主义、马克思主义过程中，对艺术生产理论进行深入解读，回到马克思哲学语境中，将唯物主义思想引向了社会文化批判，以此揭示艺术生产的逻辑、主体以及功能问题。本雅明的艺术社会学批判以马克思的唯物主义为方法论原则，试图阐释艺术革新与日常生活之间的理论根源，从而为“图像-视觉”的艺术社会学理论建构提供哲学基础。从视觉文化批判的角度看，本雅明的这一理论既具有阐释社会存在的意义，又重新建构了社会生活与艺术现象的内在关联，并以此为目标对资本主义社会的文化现象展开深入的批判，因而体现了一种基于艺术社会学批判的视觉文化思想。

关键词： 本雅明；马克思主义；视觉文化；艺术社会学；

基金资助： 国家社会科学基金项目“马克思主义经典文艺思想中国化当代化研究”（17ZDA269）阶段性成果；

专辑： 社会科学 II 辑; 哲学与人文科学

专题： 文艺理论; 文化

分类号： J0-05;G05

出版广角 . 2022,(19) 北大核心 CSSCI

记笔记

元宇宙时代的NFT艺术：价值共创机理与共建共治路径

解学芳　韩慧慧

同济大学人文学院

摘要： 随着Web3.0时代的到来，技术创新与文化内容创新融合的趋势愈加明显，基于区块链技术的NFT艺术在数字化浪潮中应运而生，艺术品的表现形式以及价值功能发生新变革。借助元宇宙的集成技术，NFT艺术生产者、消费者以及其他利益相关者组成了价值创造的共同体，并呈现内容为本、创意为核、产业链整合、版权加持四个维度的价值共创机理。文章从价值链视角审视NFT艺术，发现NFT艺术面临技术、内容、市场、版权和生态五大瓶颈。不同主体需要在建立共识的基础上协同合作，以实现数字化基础设施的共建、内容服务的共创和权益服务的共治，探索一条自主可控的中国特色NFT艺术健康发展之路。

关键词： 元宇宙；NFT艺术；价值共创；路径；

基金资助： 教育部人文社会科学研究规划基金“人工智能驱动网络文化产业创新的价值风险与治理研究”（20YJA860004）； 上海市曙光计划“AI时代文化创意产业创新机理及其伦理边界研究”（19SG20）；

DOI： 10.16491/j.cnki.cn45-1216/g2.2022.19.009

专辑： 信息科技; 哲学与人文科学; 经济与管理科学

专题： 文艺理论; 文化经济

分类号： J114

图 6-1　以科研基金为依托形成的研究成果

（5）从论文的关键要素判断：论文的关键要素包括题目、关键词、摘要等。如图6-2所示，通常电子文献数据库的页面设计中，在每一篇文章的预览页面便已列出了上述信息，读者可以非常便捷地查看，快速获取文献的研究重点、研究内容、研究方法与研究结论，判断该文献是否与自己的选题有紧密关联，是否能够提供参考。

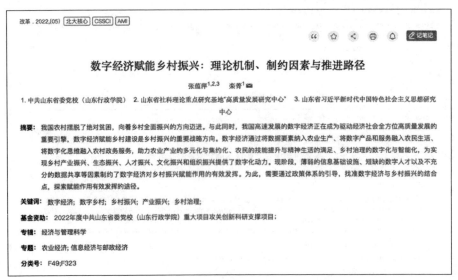

图6-2　知网文献预览页面示例

（6）从被引用的频次判断：被引用频次也是判断文章社会影响力与认可度的重要指标，能够从中得知该文献是否也被其他开展同类研究的学者参考、引用，一定程度上反映出该研究持续产生的学术影响。

当然，文献的质量并不完全、绝对由上述几个方面决定，作者在查阅参考材料时，应当充分求证、推敲观点的科学性与合理性，考虑其作为依据是否合适，再引用到文章中。

三、完整性原则

完整性原则首先表现在对文献出处的标注要完整上，即作者、文献名称、刊载期刊或出版社、版本、页码等信息要素明确。这既从学术道德、学术伦理的层面表达了对原作者知识产权的尊重，也从学术共享的层面为读者查询原文提供了便利。

完整性原则的第二个方面表现在原作者叙述材料的完整上。在一篇文章、一个段落中，原作者也许会使用转折式表达，作者在引注之前，应当完整阅读、了解上下文所表达的含义，避免断章取义。例如：

> 罗斯托的这部书是从经济史的角度探索从传统社会向现代增长过程的一部开路之作，他的理论精髓在于，他把由传统社会向高额大众消费社会转变的过程置于历史发展的连续性上，从而为整个现代化理论奠定了基础。尽管他的许多观点已被否定，但发展经济学仍然是现代化理论的主体之一。①

在这部《现代性与文化工业》里，作者概括了罗斯托研究著作中的主要成就，强调他的理论精髓在于，他把由传统社会向高额大众消费社会转变的过程置于历史发展的连续性上，从而为整个现代化理论奠定了基础。但评述并未就此结束。作者紧接着用了两个短句来表达转折的意味，一是"罗斯托的许多观点已被否定"，二是"但发展经济学仍然是现代化理论的主体之一。"假如读者的阅读只停留在前半部分，就将其引用下来，可能就会错过原作者在后半段补充说明的观点。

完整性的第三个表现，在于引用的时候要维持内容的完整性，不得随意改动原文，或改动作者的原意。学术研究的素养之一，便是具有独立研究的意识，在怀疑意识和批判精神指导下，用客观的态度去衡量一切观点和结论。②学术可以讨论、可以批判、可以提出相反的意见，甚至可以犀利地予以驳斥，但在批判之时，依然要对知识本身怀有敬畏心，对原作

---

① 单世联. 现代性与文化工业［M］. 广州：广东人民出版社，2001：15.
② 张清民. 学术研究方法与规范［M］. 北京：中华书局，2013：32.

者应给予充分的尊重。因而，当作者提出不同于他人的观点时，更应该附上原文或出处，便于读者查询更全面的参考资料，如所引用的文章中的文字、标点等存在疑似不妥或存在争议之处，可以在引文后以加注的形式予以说明。例如：

程德祺的《伏羲新考》(载《江海学刊》1987年文史哲版第5期，以下简称程文)，一文认为：伏羲与女娲兄妹通婚的关系，说明同处在渔猎时代的一个血缘婚向族外婚过渡的阶段；羲伏、女娲为同一图腾（龙）族团之分化。伏羲氏所代表的是原始的华夏族，它的根据地在东南，具体说在太湖流域，无锡的惠山附近，而我国以龙崇拜为代表的上古文化的中心，正是在太湖流域；南方苗、瑶诸族，北方炎黄——夷夏诸族，都是华胥——伏羲氏的繁衍、扩展和分化。他们都认为这些意见值得商榷。

一、伏羲女娲兄妹是否说明同处于渔猎时代的一个血缘婚向族外婚过渡的阶段？（着重号为笔者所加，下同）

程文对这个问题作出错误回答，其根本原因：
……①

再例如，《社会科学研究：从思维开始》② 一书的第110页，作者对理论学家埃里克森的研究作了以下陈述。

在其作为一个心理分析学家的经历中，埃里克森对各种亚文化群体进行了跨学科的调查，并且广泛地研究了历史上的一些至关重要的人格特征，这使得他最终认为，"理解（understanding）"具有多重维度的特征。在我们同我们周围世界的关系中，埃里克森区分出三种维度：事实性、现实性和真实性。

---

① 曹必文. 伏羲女娲兄妹婚辨正［J］. 江海学刊，1989，（2）：113.
② 赫文，多纳. 社会科学研究：从思维开始［M］. 李涤非，潘磊，译. 重庆：重庆大学出版社，2013.

在这段话的末尾处，作者为避免简单的描述未能令读者全面了解埃里克森的学术观点，因而造成误解，便以页下注释的方式做了更为详尽的说明。

参见 Erik Erikson，Gandhi's Truth（New York：Norton，1969）p.396；Dimensions of a New Identity（New York：Narton，1974），pp.33-34；另见 Life Hestory and the Historical Moment（New York：Norton，1975），pp.103-104。埃里克森对这些概念的阐释稍微有些差异，我们对其做了修改，以便配合此处说明的需要。要探讨埃里克森如何把其观点应用于当代问题，参考 Kenneth Hoover，ed.，The Future of Identity：Centennial Reflections on the Legacy of Erik Erikson（Lanham，Md.：Lexington Books，2004）[①]

这些说明看似冗长，实际上很好地展现了研究者应有的严谨、谦虚、中肯的态度，既对其他学者的研究观点提出了反对意见，同时，又给予了充分的背景说明，读者能够从详细的资料中多方阅读、多方探询，最大限度地降低误解其中一些观点的可能性。

四、动态性原则

事物是不断发展变化的，科学研究的焦点与结论也会随着社会的进步而更新。阅读文献不能刻板地摘取，也不能仅从表面抓取作者的观点，而要始终保持对社会动态发展的关注，辩证地看待作者的论述，公正、理性地解读与引用。在阅读发表时间较早的文献时，尤其应该注意社会环境已经发生的变化。

在2009年出版的《当代中国青年文化研究》的绪论当中，作者有一

[①] 赫文，多纳. 社会科学研究：从思维开始 [M]. 李涤非，潘磊，译. 重庆：重庆大学出版社，2013.

段这样的叙述。

  农村青年和进城务工青年不是当代青年文化的局外人和旁观者,他们也从中受益并将其播撒到广阔天地之中,但他们并没有真正参与当代青年文化的生产制造,这是让人感到悲哀而又不得不承认的事实。当代中国的现代化进程给城市青年与农村青年提供的机会并不平等,他们所面对和所有解决的问题更不相同,文化实践而非文化活动对农村青年和进城务工青年来说远非当务之急,生活能有保障、能富裕一些对他们才是真正的大事。①

  在这段文字里,作者解释了著作中未将农村青年列为重点研究对象的原因:农村青年需将更多的精力投入在创造生存条件而不是文化生活中。需要注意的是,该著作出版时间为 2009 年 10 月,写作、完稿的时间必然较出版时间更早。在之后的十余年里,中国社会保持着高速发展的态势,乡村振兴战略的不断推进、互联网及数字技术的不断普及、脱贫攻坚战的部署,都为广大农村、农民的生存发展提供了较好的机遇,农村青年借助着文旅融合的发展、网络媒介的崛起获得了更多的发展机会,并成为流行文化创造与传播的重要力量。不仅如此,在农村社会生活中还产生了大量具有乡村特色的流行文化产品,如视频、音乐、网络文学作品等,构建了乡村流行文化研究的特殊文本。因而,在阅读《当代中国青年文化研究》这部著作时,不能呆板地引用文献,而要结合不同的社会发展特征,充分考虑原作者思想与观点产生的社会语境,理解各个阶段的流行文化传播现象。

五、精确性原则

  涉及重要文件、领导人讲话、马列著作等十分注重严谨性的内容时,应当注意内容的精确性。为避免被曲解、误读,这类内容一般使用直接摘

---

① 陆玉林. 当代中国青年文化研究 [M]. 北京:人民出版社,2009:4.

引的方式，并将全部引用内容加上双引号，标明权威、官方的出处以及发表时间。

第三节　引用的方法

由于写作情境不同、资料来源多样，作者在引用资料的时候，依据引用的不同目的，以及上下文衔接的流畅度，可以采用多种方式。

一、摘录式引用

直接摘录原材料的方式在引用中十分常见。直接摘录，也就是从其他学者已经公开发表的文献当中把相关内容原原本本地"摘"出来，插入自己撰写的论文中，并标记出处，使得论文的理论、依据更充实与完善。通常，当原作者将某个定义、概念、观点、数据等阐释得非常清晰、简洁，或是具有明显的代表性、典型性时，研究者遵循忠于原意的原则，选取直接摘引的方式转述。例如：

在《文化理论与通俗文化导论》[①] 中，作者谈到马克思关于社会经济与文化之间关系的研究理论时，便直接引用了马克思的著名论述。

人们在自己生活的社会生产中发生一定的、必然的、不以他们的意志为转移的关系，即同他们的物质生产力的一定发展阶段相适合的生产关系。这些生产关系的总和构成社会的经济结构，即有法律的和政治上的上层建筑竖立其上并有一定的社会意识与这相适应的现实基础。物质生活的生产方式制约着整个社会社会生活、政治生活和精神生活的过程。不是人

---

① 约翰·斯道雷. 文化理论与通俗文化导论 [M]. 杨竹山，郭发勇，周辉，译. 南京：南京大学出版社，2001：4.

们的意识决定人们的存在，相反，是人们的社会存在决定人们的意识。①

二、概述式引用

概述式引用在论文写作中非常普遍，在具体应用中，大致可以分为三种用法。

一是综述类论文。综述类论文本身是学术论文的类型之一，该方法已被运用得比较成熟。写作者提出一个选题后，在一定的时间阶段内，将与选题相关的成果进行归纳、总结、回顾与评述，从中反映该选题在研究内容、研究方法、研究视角、研究结论等方面的特点。例如，《新时期中国非洲艺术研究的回顾与思考》一文首先从新时期中国对非洲艺术概论式译著、译文以及代表性学者进行了梳理，其次从雕塑、建筑、设计、新媒介、音乐舞蹈表演等方面的研究成果分别予以评述，最后提出了几点思考：国内学者在翻译非洲艺术著作时在概述类、雕塑类、设计艺术类着墨较多；研究成果主要以实地考察和创作为基础；一些学者已经关注到非洲在电影产业方面的快速成长现象……总的来说，30多年来，中国对非洲艺术研究呈现出从一般性知识普及，到服务于中非关系和政治、经济方面的需要，再到向更为深入的学术研究转向的规律。②

二是学术论文中的综述部分。除了综述性论文外，一般的学术论文写作也常在文章的开头处以概述的形式对与论题相关的研究成果进行回顾，作为学术背景予以交代。《青少年"饭圈文化"的社会学视角解读》的综述部分便从"饭圈"文化兴起的原因、粉丝行为、"饭圈"文化、"饭圈"结构性特征、社会大众对"饭圈"态度等几个角度爬梳。作者在梳理前期研究后认为"当前'饭圈'文化研究多从传播学视角展开，本文重点从社

---

① 卡尔·马克思. 政治经济学批判一书的前言和导论 [M]. 北京：外文出版社，1975：3.
② 崇秀全. 新时期中国非洲艺术研究的回顾与思考 [M]. 浙江师范大学学报（社会科学版），2013，（2）.

会学视角进行一种全景式分析。"①该论文的主体部分从个体维度、群体维度、组织维度和文化维度四个层次,对"饭圈"文化现象进行解读,延展、补充了青少年群体中流行的"饭圈"文化研究视野。

三是根据正文写作需要而加入对其他学者文献内容的概括,虽不是作者的原话,但忠于作者的思想。例如,《艺术现代建构的文化逻辑》②一文中,概括了威廉斯、鲍姆嘉通、黑格尔等人关于"美学"的界定。其中有如下一段描述。

确立美学的根据相当程度上是因为"美的和自由的艺术"的合法存在,所以,到了古典哲学阶段,黑格尔更加明确地把美学界定为"艺术哲学",艺术中心地位的凸显无可避免地把自然美边缘化了。

在文末,作者对于自己所概括的黑格尔关于"美"的论述给出了原文参考及出处,为读者提供更为完整的文献背景。

黑格尔在《美学》第一卷开篇,对美学做了一个明晰的界定:"这些演讲是讨论美学的,它的对象就是广大的美的领域,说得更精确一点,它的范围就是艺术,或则毋宁说,就是美的艺术。……我们这门科学的正当名称却是'艺术哲学',或则更确切一点,'美的艺术的哲学'。"③

练习

请阅读以下材料,并用简洁的语言概括作者的主要观点。

一切艺术,不仅反映艺术家的经济环境,而且反映他们的地理位置。因纽特人颇有雕刻天赋,但他们在一年的绝大部分时间里,不得不受冰雪的限制。埃及人却相反,他们绝不限于制作土坯,他

---

① 吕鹏,张原. 青少年"饭圈文化"的社会学视角解读[J]. 中国青年研究,2019,(5):67.
② 周宪. 艺术现代建构的文化逻辑[J]. 文学评论,2014,(4):17.
③ 黑格尔. 美学:第一卷[M]. 北京:商务印书馆,1979:3-4.

们可以从邻近地区，搞来建筑宫殿和神庙的各种石料。而尼罗河又帮助他们花费最少的人力、财力，把这些石料运到他们想运到的地方。

有人问我，我的祖先荷兰人擅长绘画和音乐，为什么没出现一流的雕刻家？这是因为，在5天之内有4天下雨的国家，最宜于室内作画或演奏音乐。而且在荷兰，地道的建筑材料是砖，拿砖头来雕刻行吗？当然不行。

相反，在希腊，那里长年充满阳光。希腊人是户外活动者，他们把家只当成睡觉的地方，抚养小孩的地方，供老婆洗衣、煮饭的地方。希腊那地方，又有很多很好的大理石，因此希腊人就变成一流的雕刻家。而希腊人的绘画（仅就现存不太古的绘画而论），似乎都不怎么好。

每个民族都必须使用手边现成的材料。因此，对温带地区的史前人关于使用驯鹿角做东西，也就很容易理解了。①

三、非整体引用

当原文篇幅较长，整段引用不便于突出主旨，也不利于文章的流畅性时，可以只引用部分语句，省略的句子以省略号代替即可。例如，《后现代与文化理论》第5页的原文如下。

我认为资本主义已经历了三个阶段。第一阶段是国家资本主义阶段，形成了国家的市场，这是马克思写《资本论》的时代。第二阶段是列宁的垄断资本或帝国主义阶段，在这个阶段形成了不列颠帝国、德意志帝国等。第三阶段则是第二次大战之后的资本主义。第二阶段已经过去了。第

---

① 房龙. 人类的艺术，衣成信，译 [M]. 北京：中国和平出版社，1996：20.

三阶段的主要特征可概述为晚期资本主义，或多国化的资本主义。这一阶段在 20 世纪 60 年代有其集中体现，这是一个崭新的、与前面各阶段根本不同的新时代，而且很多人都认为这个时代更接近马克思对资本主义的描述。与这三个时代相关联的文化也便有其各自的特点。第一阶段的艺术准则是现实主义的，产生了如巴尔扎克等人的作品。但随着时间的流逝，时代的进步，生物学意义上的"变异"在不断地发生，于是第二阶段便出现了现代主义。而到第三阶段现代主义便成为历史陈迹，出现了后现代主义。①

原作者以一段 343 字符的文字阐述了对资本主义发展历程的理解。这段文字较为理性地体现出作者对西方国家发展阶段的哲学思考，但整段引用的篇幅较长，可以摘取较关键的内容引用，其他的内容则以省略号代替。用该方式引用可表达如下。

资本主义已经历了三个阶段。第一阶段是国家资本主义阶段，形成了国家的市场……第二阶段是列宁所论述的垄断资本或帝国主义阶段，在这个阶段形成了不列颠帝国、德意志帝国等。第三阶段则是二次大战之后的资本主义……第三阶段现代主义便成为历史陈迹，出现了后现代主义。②

四、转引式引用

无论用哪种引用方式，为了体现良好的学术素养，遵守学术道德规范，写作者都应该尽可能清楚地标出原文的出处。当然，也存在一些特殊情况。例如，在阅读他人著作、文章时，其中某段引用内容与自己需要说明的观点密切相关，能够对文章形成突出的支撑作用，但由于时间久远、语言差异等原因，已经难以查找、追溯这段原文，这样的情况下可以用转

---

①② 杰姆逊. 后现代主义与文化理论［M］. 唐小兵，译. 北京：北京大学出版社，1997：5.

引的方式,注明该内容"转引"自何处。

例如,《北朝村民的生活世界:朝廷、州县与村里》一书中的叙述。

生活世界(life-world)一词由德国哲学家胡塞尔提出,经奥地利社会学家阿尔弗雷德·舒茨(alfred shutz)在社会理论方面加以发展。其定义简单地说就是"包含人所牵连的种种日常事务的总和"。①

作者虽未列出其引用的"包含人所牵连的种种日常事务的总和"的原出处,但给予了如下注解。

此定义出自舒茨的学生那坦森,转引自李猛:《舒茨和他的现象学社会学》,杨善华主编:《当代西方社会学理论》,北京大学出版社,1999年,第17页。

五、摘录加述评式引用

当纯粹的摘引不足以解释作者的观点时,作者可以通过夹叙夹议的方式,对所引用的内容向纵深推进,令观点呈现得更全面。例如,在《平常事情的历史:消费自传统社会中诞生:17世纪初—19世纪初》中,作者先是引用了一句马克思关于经济学的经典叙述。

商品首先是……一个靠自己的属性来满足人的某种需要的物。②

紧接着作者进一步阐释了对马克思理论的理解。

马克思这样提醒我们:没有无使用价值、不满足需要的商品,不论是胃的需要还是想象的需要。相反,可能有使用价值而没有交换价值;尤其

---

① 侯旭东. 北朝村民的生活世界:朝廷、州县与村里[M]. 北京:商务印书馆,2005:25.
② 马克思. 资本论(第一卷)[M]. 北京:人民出版社,1975:47.

是自然财富，它可以满足需要而不直接创造价值。①

显然，加入作者的补充叙述后，文章有了更多作者本人的积淀，从侧面突显了作者在经济学理论方面的造诣。

《胡适与中国现代知识分子的选择》是研究胡适的专家周明之的著作，作者为此收集了庞大、浩瀚的历史资料，几乎贯穿了胡适的一生。在撰写该部作品时，作者极为注重通过不同材料与史实之间相互印证，揭示胡适与所生活的时代环境之间的关系，从中分析胡适从幼年到老年，每一次面临重要抉择时的心态，从社会学层面反映知识分子在时代洪流当中的深层困惑和矛盾。在这部著作里，作者多处引用了胡适的自述、著作、书信、日记等，并结合中国近代史对当时的社会境况进行了多处细节描述，令胡适在特殊时代背景下的行为、思维呈现得更为生动。例如：

在1917年夏离开美国不久前，他（胡适）写了一首自由诗。他在诗中写到，初到美国时，他的抱负是"耕"和"种"。认为人文学科意义不大且与救国无关，他时常梦想自己"种菜与种树"。②

其中，"种菜与种树"仅五个字，但作者对这五个字郑重地做出引用标记，指明该提法出自于由远流出版社出版的《胡适作品集》第37册第231页《胡适留学日记》一文。显然，对"种菜与种树"的引用巧妙地用细节描写加强了这段经历的真实性。而后作者又阐述道：

作为一门实际科学，农学当然有自己的吸引力。许多人认为它是能使中华民族复兴的一种有效工具。但即便在一个充满情绪化和强烈的民族主

---

① 达尼埃尔·罗什. 平常事情的历史 消费自传统社会中的诞生 17世纪初—19世纪初[M]. 吴鼐，译. 天津：百花文艺出版社，2005：4.
② 周明之. 胡适与中国现代知识分子的选择[M]. 雷颐，译. 成都：四川人民出版社，1991：35.

义感情的时代,科学这一新的学科也是有其限度的。中国青年有任何个人的抱负吗?像"救国"这种非个人的、极响亮的事业怎能产生这样狂热的持续力呢?当胡适在烛光下苦攻数学直至深夜或学习植物生理学和果树学时,又多少次想到国家呢?

根据材料记载,1910年9月,胡适进入康奈尔大学,所学专业是农学。历经一年半后,也就是1912年春,才转学哲学的。作者对胡适的研究并未简单停留在对其履历的复述上,而试图站在20世纪初中国社会变革的历史背景下,还原胡适等一批知识分子对学科未来的想象,推测胡适决定转学哲学时的心理变化。作者所补充的论述令胡适作为一个知识分子的形象更为立体,在引用"种菜与种树"这一原话之后,使读者眼前展开了一幅更宏大的历史画卷。

写作中的具体情况千变万化,上述的几个方法远不足以涵盖全部引用的情况。或许标注的格式、表达方法有所差异,但万变不离其宗的是,严谨的学者总是尽可能将参考材料的来源信息呈现完整。总而言之,从事学术研究的人应该保持阅读的良好习惯,并且在读到一段颇有参考价值的文字并记录下来时,将其出处一并记录。"总是清晰标识来自文献的文字和思想,以便几周或几个月之后你都不可能误将它们当作自己的东西。"[1] 在未来任何需要引用它们的时候,都能清晰地与其他笔记、自己的创作区分开来。

第四节　引用的来源

在学术研究的过程中,资料的来源往往是多元的。有写作者本人通过

---

[1]　凯特·L.杜拉宾. 芝加哥大学论文写作指南[M]. 雷蕾,译. 北京:新华出版社,2015:45.

观察、走访、访问、统计等方式获取的材料，也有来自已经发表的文献、评论、报道、报告的材料。对引用来源的可靠性、专业性、权威性进行综合考量后，确定在论文写作过程中获得参考资料的主要方式有以下几个方面。

一、图书

图书，也称为书籍，指的是"50 页以上的以印刷方式单本发行的出版物。"[①] 图书包括了专著、合著、编著、译著、文集、报告等不同类型，并经由出版单位向全社会公开出版发行。专业图书有着写作体系完整、框架内容饱满、写作技巧成熟、便于储存等优点，具有较强的实用性。但图书的写作和出版周期都比较长，时效性方面有所限制，同时不可否认出版社、作者也存在水平参差不齐的问题，读者在查阅图书资料时同样要注意材料的可参考性。

以下是引用不同类型图书的格式示例。

［1］大卫·赫斯蒙德夫. 文化产业［M］. 张菲娜，译. 北京：中国人民大学出版社，2007 年：45.

［2］张意. 文化与符号权力：布尔迪厄的文化社会学导论［M］. 北京：中国社会科学出版社，2005：147.

［3］马中红，邱天娇. 戏剧化的青春［M］. 苏州：苏州大学出版社，2012：96.

［4］中国艺术研究院·中国非物质文化遗产保护中心. 中国非物质文化遗产普查手册［M］. 北京：文化艺术出版社，2007：13.

［5］李炎，高睿霞. 基点与视域：特色文化产业发展的云南实践. 齐勇锋，李炎. 中国文化的根基：特色文化产业研究（第二辑）［C］. 北京：

[①] 何立芳，郑碧敏，彭丽文. 青年学者学术信息素养［M］. 杭州：浙江大学出版社，2015：56.

光明日报出版社，2016：70.

二、期刊

期刊是一种连续出版物。从周期来看，期刊分为包括定期与不定期两大类。其中，定期出版的期刊又可以分为年刊、半年刊、季刊、双月刊、月刊、半月刊、旬刊、周刊等。与图书相比，期刊的出版周期较短，时效性较强，能迅速传播各行业、领域的新焦点、新发现、新技术与新动向等。学术期刊作为学术理论研究与探讨的前沿阵地，内容专、精、深，是从事学术研究的人员使用的重要信息来源。就文化艺术管理类各专业而言，目前国内基本上都已形成了业内普遍认可的刊物，如《中国文化产业评论》《艺术管理》《民俗研究》《文化遗产》《文化纵横》《文化艺术研究》《民族艺术》《艺术设计研究》《艺术百家》《艺术评论》《当代电影》《电影艺术》《装饰》《美术》《美术研究》《美术观察》等，用以加强学科交流与学术信息共享。

引用期刊文献的格式示例如下。

［1］刘昕亭．积极废人的痛快享乐与亚文化的抵抗式和解［J］．思想，2020（8）：107.

［2］逄红梅，侯春环．共同富裕视角下乡村数字化治理的现实困境和实现路径［J］．农业经济，2022（12）：42-44.

三、报刊

报刊是最有影响力的媒介之一。它的覆盖面比较广，出版周期短，以每日、每周固定发行为主，对时事、新闻、社会热点、政策动向的反应十分迅速。对于文化艺术管理专业的研究者、从业者来说，及时关注《人民日报》《中国文化报》《中国青年报》《光明日报》《文汇报》等主流报刊，了解国际文化艺术发展的新态势、国内文化艺术领域的相关政策，把握文化艺术发展的新焦点、新动向，是十分有必要的。

引用报刊材料的格式示例如下。

［1］罗文胜．全面推进乡村振兴　加快建设农业强国［N］．中国妇女报，2022-12-30（6）．

［2］邹翔．推动民间艺术繁荣发展［N］．人民日报，2022-12-27（5）．

四、学位论文

学位论文是高等院校的学生为获取学位资格，在导师的指导下撰写的，能够反映科学研究、科学试验成果的学术论文。从人才培养层次来看，学位论文又分为博士学位论文、硕士学位论文、本科学位论文等。我国对各级人才的培养质量愈加重视，先后发布了《国务院学位委员会教育部关于加强学位与研究生教育质量保证和监督体系建设的意见》《教育部国家发展改革委财政部关于加快新时代研究生教育改革发展的意见》《国务院学位委员会　教育部关于进一步严格规范学位与研究生教育质量管理的若干意见》等一系列文件，强调教育过程中质量监控与检查的重要性，促进学位授予单位规范管理。在国家的严格规范下，各级学位论文的质量不断提升，对论文写作者也有一定的参考性。如图6-3至图6-6所示，知网中国优秀硕士学位论文全文数据库、国家智慧教育公共服务平台、万方数据知识服务平台都能够提供学位论文检索功能，学生们可以充分利用这些线上平台，了解学位论文，尤其处于同样教育层次、同一专业的毕业生的研究方向与研究动态。需要注意的是，由于培养层次存在等级差异，各院校对学士、硕士、博士阶段的学位论文的要求也不尽相同，参考的时候应当有所区别，不必将高层次学位论文要求刻板地挪用在低层次学位论文写作上。

图 6-3　知网中国优秀硕士学位论文全文数据库

图 6-4　知网中国博士学位论文全文数据库

图 6-5　国家智慧教育公共服务平台学位论文题目检索库

图 6-6　万方数据知识服务平台·中国学位论文全文数据库

引用学位论文的格式示例如下。

［1］郭昆仑. 文学理论中的摹仿问题研究［D］. 西安：陕西师范大学，2020.

［2］廖珍杰. 广州迎春花市集体记忆的建构与传播研究［D］. 广州：华南理工大学，2021.

五、报告

报告有其专门的体例、格式与规范。报告作为一种出版物，由政府官方、研究机构、社会组织开展，对权威、官方数据资料进行收集、整理、分析后，撰写的重要报告多以"皮书"命名，以年度为周期向全社会公开发行。"皮书"这一概念在中国有两个含义。"一是'国家或专门机构正式发布的重要文件或报告书'，是一种官方文件，代表政府立场，要求事实清楚、立场明确、行文规范、文字简练。二是'以年度为时间单元，关于某一门类、地域或领域的社会科学资讯类连续出版物'，其作为一种出版形态存在，强调的是服务社会、权威专业、跟踪前沿、趋势预判、数据分析。"① 如表 6-1 所示，我国已经连续出版了文化蓝皮书、非物质文化遗产蓝皮书等多个皮书报告系列，成为研究者总结与交流各行业、领域发展经验、研判未来发展态势、提出对策与建议的重要依据。

表 6-1　2019—2022 年出版发行的文化艺术管理类皮书报告目录（部分）

书名	所属系列	作者	出版社	出版时间	书号
中国区域文化产业发展报告（2019—2020）	文化蓝皮书	李炎、胡洪斌	社会科学文献出版社	2020 年	9787520164764
中国非物质文化遗产保护发展报告（2021）	非物质文化遗产蓝皮书	宋俊华	社会科学文献出版社	2021 年	9787520195287

---

① 谢曙光. 皮书手册——写作、编辑出版与评价指南［M］. 北京：社会科学文献出版社，2015：1.

续表

书名	所属系列	作者	出版社	出版时间	书号
中国文化企业发展报告（2018）	文化品牌蓝皮书	彭翊	社会科学文献出版社	2019年	9787520136587
中国文化发展报告（2021）	文化建设蓝皮书	徐瑾、江畅、徐翀、黄妍	社会科学文献出版社	2021年	9787520189071
中国元宇宙发展报告（2022）	元宇宙蓝皮书	丁刚毅、朱烨东	社会科学文献出版社	2022年	9787522807140
2020—2021中国互联网产业发展蓝皮书	2020—2021年中国工业和信息化发展系列蓝皮书	中国电子信息产业发展研究院	电子工业出版社	2021年	9787121423499
中国文化志愿服务发展报告（2019—2022）	文化志愿服务蓝皮书	良警宇	社会科学文献出版社	2022年	9787522807034
中国时尚产业发展蓝皮书（2021）		陈文晖	中国纺织出版社	2021年	9787518092635
中国传媒产业发展报告	传媒蓝皮书	崔保国、赵梅、丁迈、杭敏	社会科学文献出版社	2022年	9787522802862
乡村振兴蓝皮书		邓国胜、钟宏武	经济管理出版社	2021年	9787509677490
中国传媒经济发展报告（2019）	传媒经济蓝皮书	卜彦芳，漆亚林，司思	社会科学文献出版社	2019年	9787520150774

六、政策文件

"文化政策是一国对于文化艺术、新闻出版、广播影视、文物博物等领域进行行政管理所采取的一整套制度规定、规范、原则和要求的总称，是有别于科技政策、教育政策等其他领域政策的一种政策形态。"[1] 文化政策、法律法规对文化艺术行业的健康发展、文化艺术市场的形成与成熟起

---

[1] 胡惠林. 文化政策学 [M]. 上海：上海文艺出版社，2003：1.

到了不可替代的监管和指导作用,如表 6-2 所示,各级政府部门也出台了很多政策对文化艺术行业进行支持、调控。在各级政府官方网站,以及文化和旅游部门、博物馆、广播电视、新闻出版部门、知识产权管理部门、非物质文化遗产保护中心的官网可以较便利地查询相关的政策、法规、文件、通知等。文化艺术管理相关专业的青年学生与从业者、研究者,应当保持对各级文化政策与相关规范文件的关注,用以指导文化艺术活动的组织与研究的开展。在查阅政府公布的政策文件时,既需要查看国家级,也应当查看省、市及其他地方级政府机关公开发布的信息,以免有所遗漏。

表 6-2　我国部分文化艺术政策与法规

名称	文件编号	发文／通过时间
博物馆管理办法	中华人民共和国文化部令第 35 号	2006 年 1 月 1 日起施行
乡镇综合文化站管理办法	中华人民共和国文化部令第 48 号	2009 年 10 月 1 日起施行
中华人民共和国非物质文化遗产法	中华人民共和国主席令第四十二号	2011 年 6 月 1 日起施行
文化市场综合行政执法管理办法	中华人民共和国文化部令第 52 号	2012 年 2 月 1 日起施行
中华人民共和国旅游法	全国人民代表大会常务委员会	2013 年 10 月 1 日起施行
艺术品经营管理办法	中华人民共和国文化部令第 56 号	2016 年 3 月 15 日起施行
国家级文化生态保护区管理办法	中华人民共和国文化和旅游部令第 1 号	2019 年 3 月 1 日起施行
国家级非物质文化遗产代表性传承人认定与管理办法	中华人民共和国文化和旅游部令第 3 号	2020 年 3 月 1 日起施行
在线旅游经营服务管理暂行规定	中华人民共和国文化和旅游部令第 4 号	2020 年 10 月 1 日起施行

引用法律、文件、政策的格式示例如下。

[1] 在线旅游经营服务管理暂行规定［EB/OL］. https://zwgk.mct.gov.cn/zfxxgkml/zcfg/bmgz/202012/t20201204_905349.html.

七、电子文献与网络资料

随着互联网的发展，传统媒体（如各大报纸、电台、电视台等），都开辟了网络媒体平台，新兴的网络媒体也以极快的速度蓬勃生长。对于成长在网络时代的年轻群体来说，借助网络工具检索、查看专业知识，获取行业新闻与动态，与同行积极分享行业经验是极为普遍的习惯。

互联网上所传播的信息是非常多元的。按信息内容的表现形式和内容划分，互联网资源可分为全文型信息（如电子图书、电子期刊等）、事实型信息（如天气预报、节目预告、火车车次、飞机航班、IP 地址等）、数值型信息（如各种统计数据）、微内容（如具有 web2.0 特征的博客、微博、微信、BBS、即时通讯、邮件讨论组等）。[①] 但同时也要看到，在互联网的海量信息中，不乏存在众多可信度不高甚至虚假的内容，因此在享有网络便利性的同时，也要注意辨别内容的真实性。在开展科学研究、撰写学术论文时，一定要选用权威媒体、政府官网所公布的数据与资料，以免信息错误而影响分析结果。

还需要提醒青年学生的是，人们所熟练使用的各类网络平台搜索引擎都只是检索工具，而不是著作权人。通过搜索引擎获取到有价值的内容后，要追溯并标记内容真正的来源。

引用电子文献的格式示例如下。

［1］中青在线．第十七次全国国民阅读调查报告：2019 年成年国民人均纸质书阅读量 4.65 本［EB/OL］．［2021-01-24］．http://news.cyol.com/app/2020-04/20/content_18577163.htm.

［2］吴建民．"一带一路"与"容克计划"都是针对当前全球需求不足提出的［EB/OL］．［2015-07-03］．人民网，http://www.people.com.cn/n/2015/0702/c32306-27245284.html.

---

① 何立芳，郑碧敏，彭丽文．青年学者学术信息素养［M］．杭州：浙江大学出版社，2015：63.

［3］朱文谦. 丝绸之路文明的历史思考［EB/OL］.［2015-02-03］. 国务院新闻办公室网, http://www.scio.gov.cn/ztk/wh/slxy/31210/Document/1394009/1394009.htm.

［4］文汇报：《脱口秀大会》平均每期播放量过亿，线下演出也日益增多, http://ent.workercn.cn/30026/202009/27/200927101802407.shtml.

第五节　引用功能的运用

学术论文的写作从语言到格式都有严格的规范和要求。我国已经发布并实施了系列标准，如国家标准局早在1987年5月发布的《科学技术报告、学位论文和学术论文的编写格式》（GB/T 7714—1987）；中华人民共和国国家质量监督检验检疫总局、中国国家标准化管理委员会于2005年发布的《参考文献著录规则》（GB/T 7714—2005）；高等教育出版社于2009年出版的《高校人文社会科学学术规范指南》等。这些标准化文件都为学术论文的撰写，尤其是文献引用的格式提供了参考规范。当然，每个收稿单位或许在上述规范指导下，还制定了更为详尽的标准，在撰写论文时，作者应仔细查看收稿单位发布的格式要求，并一一对照完善。学位论文的格式设置则需要严格按照学校正在实施的论文写作规范。

一般以页下标注（也称为脚注）与文末标注（也称为尾注）这两种方式注明参考材料的出处。顾名思义，脚注就是将附加说明性文字放在对应页面的底部，尾注是指将附加说明性文字按一定的顺序规则排列在全文的末尾。

常用的文档编辑软件都自带了插入引注的功能。wps软件的设置步骤如图6-7、图6-8所示，首先在菜单栏中选择"插入"功能，并选择"引用"当中的"脚注和尾注"类别。接着，按论文格式的需要选择"脚注"或"尾注"，以及相应的编号样式与方式，单击"插入"选项即可。

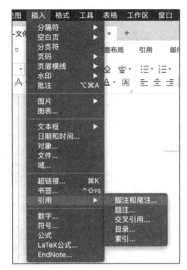

图 6-7　wps 软件中的"插入 - 引用"功能第一步

图 6-8　wps 软件中的"插入 - 引用"功能第二步

Microsoft word 软件也同样有此功能，但在功能的操作设计上略有不同。设置方法如图 6-9、图 6-10 所示：首先在菜单栏中选择"插入"功能，并选中"脚注"细类。接着，按照文档排版的需要选择插入"脚注"或"尾注"，设置编号的格式与方式，单击"插入"选项即可。

图 6-9　Microsoft word 软件中的"插入 - 脚注"功能第一步

图 6-10　Microsoft word 软件中的"插入 - 脚注"功能第二步

无论是选择"脚注"还是"尾注",当使用软件自带的插入功能后,所引用的资料都会按照在文中出现的先后顺序自动排列序号。

　　"引用"虽是学术论文中的"副文本",却是所有研究者、写作者极为重视,也应当认真对待的部分。从写作规范的角度来看,一篇引用有据、注释明确的文章,才是达到了基本学术写作要求的文章;从治学精神来看,一篇引用来源丰富、视野广阔,且对选题保持着鲜明态度的文章,才是能体现学者的学术魅力和学术思想的文章;从学术胸怀来看,一篇精于学习、勇于学习、勤于学习的文章,才是真正敬畏知识、敬畏学术的文章。无论成就多么斐然的研究者,都依然跋涉在探寻真理的道路上,这条道路,没有尽头。

　　围绕所学专业,自选角度,自拟题目,撰写一篇约5000字的学术文章,其中至少包含3种不同方式的引用。

第七章

研究方法

⦿ 本章重点

- 了解调查的基本方法；
- 了解问卷调查法的方法与技巧；
- 了解个体访谈法的原则与重点；
- 了解实地观察法的运用要点；
- 了解调查报告写作的类型与方法。

研究方法是从事研究的计划、策略、手段、工具、步骤以及过程的总和，是研究的思维方式、行为方式以及程序和准则的集合。[1] 无论正在着手进行的科研项目的规模如何，也无论正在准备的学术论文深度如何，写作者都需要设计一套可行的方法，去往与研究项目相关的地点、获得研究所需要的材料，对其进行分析，最后呈现出研究结果。在研究历程中采用合理、科学的方法，并依据材料，撰写不同文体的报告，是必不可少的学术训练。总的来说，问卷调查法、个案访谈法、参与观察法都是较为常用的研究方法。

第一节　问卷调查法

在文化艺术管理领域中，问卷调查法是一种既涉及纯理论性研究，又借鉴了对相关资料、数据进行统计处理的量化方法。问卷调查是在获取选题所需要的统计分析材料时的一种调查方式。这种方法的基本做法是：根据调查目的，以一定的逻辑与原则，将需要了解的资料以提问的方式一一列举后，直接询问受访者，或采用线下递寄、线上发送的方式，由受访者作答，再回收问卷，并对结果进行统计分析。在数字技术、互联网技术普及后，问卷调查更为便利，人们可以借助电脑及其他智能终端设备，快速、方便地记录调查内容，甚至不受地理、交通等条件的限制，借助网络平台完成问卷的设计、发放、回收与分析，因此这一方法在科学研究中被广泛采用。

问卷调查从调查对象上来分，可分为普遍调查（通常简称为普查）和抽

---

[1] 陈向明. 质的研究方法与社会科学研究. 北京：教育科学出版社，2000：5.

样调查。普查指的是对某一范围内的全部个体逐一进行调查，收集资料的规模比较大，所掌握的情况也比较丰富和全面。但这种方式耗费的时间长，与被调查对象的沟通，以及追踪信息存在显而易见的难度，以及在资料发放、收集与分析过程中，往往需要多名工作人员的配合，开展起来对外部条件的支持需求较强。抽样调查指的是从总体对象中，按照一定的抽取规则选取一部分个体开展调查活动。这种方法所收集的数据量较小，但项目操作的灵活性比较大。调查者可以根据实际情况和选题需要选择适合的方式。

一、问卷要素

问卷调查绝不是简单的提问堆砌。调查者应该对调查目的、调查对象十分明确，令问卷中出现的每一个要素都能够充分发挥其作用，问题之间的逻辑衔接较为合理，便于受访者提出有效的反馈信息。

1. 开场语

开场语即在问卷调查正式开始之前，设计者对被调查对象的书面问候。问卷设计者需简要地向被调查对象表明自己的身份、此次问卷调查的目的与主题等。如果涉及被调查者的个人信息，还需要进行保密声明。开场语虽然是问卷中的"副文本"，但能够影响填写人对调查项目团队的第一印象，甚至影响受访人做出是否接受访问的决定。因此，开场语的内容要得体、简洁、大方、有礼。

 示例

尊敬的＿＿＿女士/先生：

您好！

我们是×××学校×××专业的学生，正在开展"××地区春节习俗调查与研究"的课题调研活动。为了了解春节期间人们对传统习俗的保留与传承情况，制作了以下问卷。该问卷仅作为课程学习中的课题资料使用，涉及您个人隐私的部分我们会严格保密。

为了表示对您参与此次调查的感谢，我们为您准备了一份小礼品，作为本次活动的纪念。十分感谢您的配合与支持！

×××学校×××专业

"××地区春节习俗调查与研究"课题组

2022年11月

2. 导语

导语又称指导语，是为提高问卷填写的正确性和有效性，对填写的方法和要求进行简要说明的文字。

 示例

该问卷共30道题，大概需要5分钟填写完成。

1～10题为单选题；

11～28题为多选题；

29、30题为开放题，您可以根据实际情况填写您的想法。

3. 问题、选项与编号

有些学者将提问分为开放性、半开放性、封闭性；也有学者将其分为背景类、态度类、事实类、经验类、意见类等。提问方式与角度并非只能选择其一，调查者可以围绕选题需要将多种方式进行组合后运用。无论选择何种方式，为了尽量保证收集资料的全面性，设计提问时可以先将提问分为若干类别,在每一类别之下逐一列出提问,按一定的逻辑顺序排列,并及时参考问卷的目的和框架,对提问内容进行增删调整。

实操示例

"××地区春节习俗调查与研究"选择以××区的常住居民为调查对象,计划通过问卷填写的方式,向该区居民了解传统习俗在春节期间的传承情况。

问卷设计可采用"类别—提问"的逻辑进行设计。如:

- **基本信息类:**

1. 您的年龄:＿＿＿＿

2. 您的居住地:＿＿＿＿市＿＿＿＿区＿＿＿＿街道

3. 多数时间您的居住情况:与长辈同住☐　　与晚辈同住☐　　独自居住☐　　与同辈居住☐

4. 您的学历:硕士研究生及以上☐　　本科☐　　专科☐　　高中☐　　初中及以下☐

…………

- **传统礼仪类:**

1. 您与亲友是否会在大年夜聚餐:是☐　　否☐

2. 最近三年的大年夜您与亲友的聚餐地点是:

2020年春节:家中☐　　饭店☐

2021年春节:家中☐　　饭店☐

2022年春节:家中☐　　饭店☐

3. 您与亲友在大年夜是否有必备餐食:是☐　　否☐　　如是,请填写餐食名称:＿＿＿＿您与亲友是否会相互拜年:是☐　　否☐

4. 您与亲友是否会互赠礼品:是☐　　否☐

5. 你是否会守岁：是 □　　否 □

6. 您是否会在住处贴春联：是 □　　否 □

7. 您是否会在住处贴年画：是 □　　否 □

…………

- **节日消费类：**

1. 2020 年您购买年货的消费大约是：____ 元

2. 您在春节期间支付的交通费大约是：____ 元

3. 您是否选择在迎接春节时购买／更换中大型家具家电用品：是 □　　否 □

…………

- **娱乐休闲活动类：**

1. 您是否在春节期间逛年货街／市集等：是 □　　否 □

2. 您是否在春节期间收看春晚：是 □　　否 □

3. 您是否在春节期间外出旅行：是 □　　否 □

…………

"提问"是问卷设计的核心部分。如果将问题一一单独列出，可能会由于思维散乱而导致提问不齐全、各子类比例不合理等问题的出现。如果按类别设计问卷，则可以按模块有效整理提问，提高问卷的全面性。初稿设计完毕后，设计者可以先邀请他人进行模拟答题，以便对提问的合理性与科学性进行验证，对设计存在缺陷的地方进行调整。

二、问卷设计技巧

问卷是作为主体的调查研究者，向作为客体的受访者收集信息的重要来源。在问卷设计上，也要考虑到结构、语言的合理性，以增加受访者的受访意愿，提升填写内容的可信度。

1. 问卷目的明确

调查者设计问卷的时候，应该明确问卷的大主题以及每个模块的分主题。从问卷目的的不同类型来看，有为了解某项事物的概貌而设计的提问；对已经实施的措施与服务加以改进的提问；为新产品、新活动制定未来营销方案的提问；为了解某项功能、某个产品的潜在市场需求而向客户做的调查；为更了解客户，维护、加强客户关系而设计的心理问卷，等等。

2. 提问数量合理

尽管在问卷设计中，问题数量越多获得的有效信息越多，对选题越有帮助，但问卷设计得过长的话，同样会影响受访者的专注力和耐性，若调查者并不参与和指导填写过程，可能会造成填写资料失真、不全等问题，因此问卷的数量设置要适宜。

设计提问的时候，要始终围绕着调查的主题与目的，避免列举与主题无关的提问。例如，在"××地区春节习俗调查与研究"这一论题中，针对当今社会人们普遍使用智能手机在网络上购买年货这一现象，可以设计与之相关的若干提问，包括"网购年货的类别""网购年货的动机"等。但受访者所使用的手机型号与主题的相关性并不大，相关的问题则不必列入清单。在围绕"传统服饰技艺进课堂活动满意度调查"这一主题设计提问时，如受访者的姓名、性别、家庭经济收入情况、家庭住址等信息对主题没有明显的参考作用，也不必列入问卷。

3. 语言表达明确

提问的语言要尽量简洁、清晰，没有歧义。专业性比较强的术语和名词，如"互动仪式链""过渡礼仪""民间互惠""从众心理"等或许会造成受访者理解困难，如果是面向一般的、没有相关专业背景的群众提问，就要考虑将专业术语转换为更平实朴素的语言来表达。例如，"您在节日期间的消费是否存在从众心理的影响"可以转换为"您在节日期间的消费是否受到家人、朋友言语及行为的影响";"您在春节期间走访亲友是基于民间互惠观念吗"可以转换为"您与亲友在春节期间会相互走访、拜年吗,您是否认为礼尚往来在本地是一项十分受到重视的传统习俗";"您是否将婚礼视为一项过渡礼仪"可以转换为"在您的观念里,婚礼是否意味着人生阶段的重要转折点"。

4. 避免知识点考查式提问

在统计受访者的喜好、兴趣、期望,或是对某个方面的认知程度时,要尽量避免"考题式"发问。

例如:

您认为以下哪些选项属于传统服饰制作工艺?

A. 扎染　　　　　　B. 蜡染　　　　　　C. 缂丝

D. 盘金绣　　　　　E. 盘扣

这个提问的设置带有明显的知识测验风格,适用于课程教学场景。在田野调查中,如需了解消费者在传统服饰制作工艺方面的认知程度,可以转换为:

1. 您最近三年内购买了_____件带有传统制作工艺的服装。

2. 您所购买的服饰中使用了以下工艺。

A. 扎染　　　　　　B. 蜡染　　　　　　C. 缂丝

D. 盘金绣　　　　　E. 盘扣

F. 以上皆不是,它使用的工艺为_____

G. 我不了解它的具体名称

5. 选项描述清晰

在向受访者了解其意愿、概况、经验时,选项的描述要清晰。例如:

春节期间您购买年货的消费水平是：

A. 很高　　　　　　B. 较高　　　　　　C. 一般

D. 较低　　　　　　E. 很低

由于每个人对"高""很高""低""很低"的理解不同，这类选项难以为选题提供有效的分析素材。如果将选项修改为数值区间，收集的信息就更为直观。例如：

春节期间您购买年货的支出大约是：

A. 1000～3000 元　　　　　　B. 3000～5000 元

C. 5000～10000 元　　　　　　D. 10000 元以上

练习 以下提问的选项表述都比较模糊，请将选项修改为界定清晰的描述。

1. 您平时选购文具时对品牌的要求是：

   A. 很高　　　　　B. 一般　　　　　B. 不高

2. 影院是否影响您对观影的选择？

   A. 影响很大　　　B. 影响一般　　　C. 影响很小

3. 您认为相较于电子书而言，纸质书的阅读感对您来说：

   A. 非常好　　　　B. 比较好　　　　C. 一般

   D. 不太好　　　　E. 极其不好

---

6. 提问要避免引导性、暗示性与倾向性

问卷调查要尽量获取受访者在真实、自然状态下对提问的看法，因此问卷设计者在设计提问时，要注意不带入个人的主观意见、刻板印象和偏见等。例如，当受访者未明确表示自己喜欢流行音乐时，"您喜欢流行音

乐的原因是什么？"这暗示了受访者"喜欢流行音乐"的提问就不适宜。同样，"您一般在什么场合佩戴奢侈品牌的首饰？"这一题预设了受访者会佩戴奢侈品牌，因此只适合有此类消费行为的受访者。"您反对染发的原因是什么？"也只适合受访者确实反对染发的情况。以上这些带有特殊指向的提问，都只能在明确了受访者持有相关观点、意见后，才能提出。

7. 提问要避免调查对象无从获知答案的内容

设计提问时要对受访者的身份背景有所了解，避免提出与之无关、不匹配或是无法回答的问题。例如，"学龄前儿童对春节习俗的态度是什么"一题，可以向学龄前儿童的家长或学龄前儿童本人提出，或是与学龄前儿童有密切接触的教育行业的从业者提出。假如该提问发放给与学龄前儿童没有足够丰富的接触经历的人员，对方可能就无法提供有效信息。

同理，在 A 景区推出了阶段性减免门票的举措后，如需调查该举措的社会影响，可以向景区工作人员、当地居民，以及在当地有长时间旅居经历的游客提问"您认为当地居民是否赞成该举措"。而那些在该地区没有长期生活经验，或是与该地区居民没有密切接触的群体，对该提问的看法就不具备可参考性。

8. 判断受访者的意见是否具有可参考性

学术研究的方法、采集资料的渠道是多种多样的。问卷调查既不是唯一获得材料的方式，也不是唯一准确和有效的方式。有些标准化、执行了专门的统计规范的数据，应该通过专业渠道而不是问卷调查的方法了解。例如，要了解民间工艺对当地经济发展是否有所贡献，应该对民间工艺产业的企业数量、生产规模、市场销量、产生利润、就业人数等开展统计和调查工作。仅向受访者询问"您是否认为民间工艺的传承拉动了当地经济发展"并不足以反映意见的可靠性与客观性。同样，如要了解某地在旅游产业发展的背景下现有酒店规模与旅游业发展之间是否匹配，就需要向统计部门、旅游部门统计酒店数量、客房数量、酒店分布等,同时,还应该对酒店进行实地走访,了解服务水平、设备设施与游客需求之间是否协调。如果仅设计"您是否认为本市的酒店已经能够满足旅游业发展的需求"的提问,征询受访者的主观印象或感受而缺乏客观数据的话,所回收问卷的可参考性也存在明显不足。

9. 避免在专业问题上征询一般受访者的意愿

针对某个事物、项目询问受访者的意愿、期待、看法在问卷调查中也较为常见。这类问题要注意的是,专业性比较强的提问并不适合一般的受访者。例如,针对消费者询问的"您对该产品的创新设计有什么建议""您认为××购物商场的外墙应该如何布置""您认为景区的标识应该以什么颜色为主色调"等问题,都属于专业人员的工作职责范畴,对此没有从业经验的大众不足以反馈具有可行性的建议。

三、问卷发放与分析

问卷法有其鲜明的优点。它采用统一提问、回答的标准化统计方式,有利于对比不同调查者的情况。同时,它可适用的范围、行业、目的也比较广。尽管这一方法已经比较成熟、广泛地用于社会学、民族学等学科当中,但调查者依然要注意几个方面。

首先,调查对象应与问卷有密切关系。在问卷调查当中,调查对象应该与选题之间具有比较大的关联度,以保证资料收集的有效性,避免发生信息偏差。例如,"基于城市休闲生活需求的露营商业模式分析——以××市为例"应该对有过露营经验,或对露营有所了解的群体进行问卷调查。"××地区青少年课外活动实践基地建设及社会影响研究"应该对青少年学生群体发放问卷;"××社区传统文化普及类活动开展情况调查与分析"的调查对象应该是××社区的居民。

其次，审查调查中获取的资料。为保证调查工作的质量，回收问卷后，调查人员还应当对其进行验收审核，如问卷填写的完整性、准确性等。如果在问卷设计时允许受访者谢绝参与，那么，受访者拒绝配合调查的情况也应统计为项目资料的一部分。

最后，对资料进行统计分析。调查者对有效问卷的结果进行归纳分析，探究数据、资料中呈现的特点并进行说明。除了文字描述之外，还可以采用图表的方式，对数据进行分类概括与整理，并总结若干结论。

第二节　个体访谈法

个体访谈法与问卷法不同的是，访谈通常以与调查对象面对面交流的方式开展，此方法不仅能够获得该对象对提问的直接看法，还能够从对方的表情、神态、眼神中了解更丰富的信息，并及时追问。因此，访谈者对访谈的内容具有比较大的主动性和灵活性，对了解态度性、开放性、深入性、针对性、讨论性的问题都有着比较明显的优势。在运用这种方法的时候，也要注意一些常用技巧。

一、提前计划，快速判断

提前计划，指的是对待每一次访问，都要十分认真、严谨。在访谈前做好充分的准备，不仅能够提高访问效率、提升有效信息的获取度，也是对访谈对象表示尊重的直接方式，有利于营造良好的沟通氛围。提前计划的内容包括：了解访谈对象的基本情况，尤其是职业、专长、突出的成就与荣誉、精彩的过往经历等；拟写访问主题，并列出访问大纲；与访问对象预约合适的访谈时间与地点；准备纸、笔、电脑、相机、摄影机、录音笔一类的记录设备，等等。

当然，提前联系的访问者并不是唯一交流对象。进入调查场域之后，与任何人的交谈都有可能带来新的信息，因此必须时刻保持高度敏锐的状态，观察人们的言行举止，快速组织交流语言。研究者可以在日常生活中积累与陌生人就某个话题展开交谈的经验。熊彪（Bjorn Kjellgren）曾对田野调查工作的经验总结道："有很多办法来寻找人与人之间的社会共同性。"[①] 并且借用 David Ho 关于人际关系的研究，提示人和人之间存在多种"共同因子"，包括"从血缘关系开始延展到基于出生和社会团体而建立的关系，民族、政治力量、部队、社会阶层、职业从属、居住从属、机构关系、基于成就或临护等社会归属感、职业关系、伙伴关系"[②]等。寻找"共同因子"，并以此作为切入点，来与周围人建立起最初的融洽关系。

练习

请参照示例，围绕访谈者的言谈提出至少 5 个问题。

示例：北京是个很适合创作的地方。

提问：

您已经在北京生活多少年了？

您会怎么形容北京带给您的感觉呢？

您喜欢北京的哪些地方？

您在北京创作了哪些作品？

您创作时有什么特别的习惯吗？

练习 1：我最近刚完成一幅作品。

练习 2：1998 年是我的创作比较密集的阶段。

练习 3：这张唱片我非常喜欢，去哪里都带着。

---

①② Bjorn Kjellgren. 仁慈和智慧的重要性：现场关系结构的反思［M］// 在中国做田野调查．重庆：重庆大学出版社，2014：141.

二、观察入微,角度多元

每一次现场调查都是非常珍贵的机会。如表 7-1 所示,在同一个调查场景中如果出现了多个人物,可以针对不同的主题与对象,进行多角度的交流。

表 7-1 复合型书店的商业模式调查针对不同对象的提问清单

对象	主题	提问
店员	销售	本店哪类书卖得最好? 哪个年龄层的顾客比较多? 哪个时段顾客最多?
	服务	是否有顾客只来喝咖啡不购书? 最近本店举办了什么文化活动吗? 近期本店有文化活动的计划吗? 本店可以提供快递和邮寄服务吗? 本店提供线上服务吗?
	管理制度	本店是否定期组织员工到其他城市的书店参观学习? 本店对人员招聘有什么样的要求? 本店的营业时间是如何制定的?
	消费者	通过线上平台与书店联系、交流的消费者多吗? 店里针对会员推出的特色服务有哪些?
书店经营者或其他中高层管理人员	书店的管理、规划与愿景等	与本市的其他书店相比,本书店力求突出的特色是什么? 对书店的远景规划和定位是什么样的? 为什么选择这个店址? 您决定经营这家书店的原因是什么? 您对这家书店的风格是如何考虑的?
消费者	消费情况	你大概多长时间逛一次书店? 这家书店吸引你的是什么? 您是来看书、买书,还是来喝咖啡的?
其他群体	对书店的需求情况	您是否知道这家书店? 您是否到访过这家书店? 您是否常去书店?为什么?

三、内容存疑,多方求证

每个人的视角不同、角色不同,对待同一件事情的时候难免存在不同的看法与理解。当事情已经发生了一段时间后,当事人的记忆也会自然产生偏差。除此之外,有可能对访问结果形成影响的要素还有:受访者的年龄、表达能力、语言能力、是否有当事人不愿公开的隐情、实际情况发生了变化等。因此，调查者在与受访者面对面交流时，获取的信息也未必真实、准确。例如，在《饮食、文化传承与流变——一个藏族农村社区的人类学田野调查》一文中有一段记录。

实际上，根据我的观察，强巴每天饮用的酥油茶远不止她报给我的数量，她除去一日三餐固定喝三四杯酥油茶外，二餐中的间隔期间还要不断地饮用。根据我的观察，其他村民也大致如此，46岁的四村寡居妇女拉姆长期患有胆囊炎，我劝她要尽量少吃脂肪含量过高的酥油茶，以减少胆囊炎发作的频率。①

这段文字中，作者提到访问对象所描述的酥油茶饮用量，与自己观察后得知的饮用量并不完全相符。类似的情况在访问中并不鲜见，调查者在访问过程中，不仅要听对方的言谈，还要留意对方的行为举止、周边环境、生活情景与对方的口头表达是否一致，判断信息的准确性。为了提升资料的可信度，调查者对模糊、歧义的信息，可以加入自己的观察，进行多方求证。常用的方法有：

- 在不同情境下多次与受访人谈论同一事件的细节；
- 与事件的其他知情者，尤其是重要知情者谈论该内容；
- 通过官网等平台获取更丰富的数据进行比对分析；
- 在受访者描述的场景中观察客观现象。

四、友善交谈，语言适宜

每一次访问的机会都十分珍贵，对于完成、充实研究材料而言非常重要。但是，在田野调查中必须了解：被访问者并没有绝对义务配合自己的提问。因此，在访谈过程中，始终要保持礼貌、尊重、友善的态度。如

---

① 刘志扬. 饮食、文化传承与流变：一个藏族农村社区的人类学田野调查 [J]. 开放时代，2004（2）：108-119.

施爱东先生所言:"我几乎从未听说有哪位学者可以不尊重调查对象而能够从调查对象口中得到回报。"①熊彪在回顾自己以"外国人"的身份长期在中国做田野调查的经验时,特别强调:"很早我就知道,我所能提供给受访者的真正的感激就是:认真、投入地倾听他们的讲述,并且允许受访者按自己想要的方式讲述自己的故事。"②当对方热情地回应话题时,要专注倾听、时有回应,通过表情、眼神、语言向对方传递"我非常重视与您的交谈"的信息。在对方同意的情况下,最好能将访谈要点记录下来。当然,访谈中与对方个人信息、个人生活有关的内容,要避免冒犯或唐突地直接发问,要以委婉的方式进行交谈。

例如,在走访银器制作工坊时,若需了解店主是否以家族的形式经营,直接询问"你结婚了吗"较为突兀,可以与对方聊一些日常生活,如"您的手艺是向父母或家族中其他长辈学习的吗?您是否有兄弟姐妹呢?兄弟姐妹们成家后是否也都在从事这门手艺?冒昧地问一下,您已经成家了吗?在您看来,将来孩子继续学习银器制作,把这门手艺传下去是比较理想的生活状态吗"等,聊天过程中也能知晓受访者的家庭婚姻状态,以及该项手艺在家族传承方面的情况。

如需要了解该银器作坊的销售状况,直接询问"店里的收入怎么样"较为唐突,可以通过"您店里的款式挺丰富的,哪一款最受欢迎啊?我想定制这个款式的话,大约需要等待多长时间?能在线上向您购买吗?店里每天来看的人不少呀,销量肯定不低吧,看您忙都忙不过来了"等话题与对方交流,从而了解店内的销售状况。

1. 需要了解对方家庭经济水平,可以用哪些话题引入?
2. 需要了解对方经营的困境,可以用哪些话题引入?

---

① 施爱东.学者是田野调查中的弱势群体[J].民族文学研究,2016(4):15.
② Bjorn Kjellgren.仁慈和智慧的重要性:现场关系结构的反思[M]//在中国做田野调查.重庆:重庆大学出版社,2014:143.

无论对方是否在访谈中提供了足够有效的信息，都要在访谈结束后礼貌地致以感谢。如果采访咖啡厅、饮品店、餐厅等场所的工作人员，在商店中适当消费，也是表达谢意的方式之一。

五、保持专注，扣紧主题

在个体访问中经常采用"开放式"的交流方法，即不对受访者提出限定，给对方充分的表达空间。正因为如此，沟通过程中受访者沉浸在某段回忆、某个话题当中，因而偏离主题的情况也并不鲜见。调查者一定要始终保持对主题的专注，把握访谈节奏，当访问对象谈论的内容与主题偏离太远，并且参考价值比较低的时候，要及时、礼貌、自然地将访谈的主题拉回来。可以使用的句式有：

> 刚刚您提到的……
> 刚才我们聊到的……让我又想到了……
> 之前说到的一个事情我还有些不明白……
> 刚才我回顾了一下您说到的……我还有一个小问题……
> 您分享的故事非常精彩，对此我还有一个好奇的问题……
> 刚刚您提到了……能不能再向我们详细介绍一下……

六、理性沟通，尊重差异

当访问对象谈到的观点、习惯与自己的预设有差异、有矛盾时，调查者或许容易受到"试图寻求能够支持自己观点的信息"的心理暗示，下意识地产生排斥感。可谓"十里不同风，百里不同俗"，每个地区、民族都有自己的文化风俗与习惯，调查者如果对此贸然带着批判、批评的态度，甚至将犀利的指责脱口而出，可能会产生不必要的冲突，为调查活动带来负面影响。在调查中，访问者对待文化差异要保持理性的态度，尊重对方的观点与态度，同时也保留自己思考的空间。

学者杨洪恩有着多年追踪访问《格萨尔王》这一史诗的说唱艺人的经历。在她的随记当中，回忆了一段如下对话。

卡察扎巴首先向我问了一个问题：你认为格萨尔是神还是人？这可能是他认为一个从北京来的汉族学者首先要弄清的问题。这个问题差点难住我，因为我既不能说假话或违心的话，又不能让他太失望。我想了想说：格萨尔在藏族历史上是一位英雄，是人，他给藏族人民带来安定、富足的生活，在人们后来的传唱中，成为人们心目中崇敬的一个神。[①]

访问中难免聊到与观念、态度相关的话题，调查者与受访者之间不必追求在交谈中达成一致，保持适度的距离亦是必要的。陈向明认为，"听"是访问的重要工具，同时，"听"又可以分为强加的听、接受的听和建构的听。其中，"强加的听"指的是访谈者将受访者说的话迅速纳入自己习惯的概念分类系统，用自己的意义体系来理解对方的谈话，并且很快对对方的内容作出自己的价值判断。"接受的听"指的是访谈者且将自己的判断"悬置"起来，主动接受和捕捉受访者发出的信息，注意他们使用的本土概念，探询他们所说语言背后的含义，了解他们建构意义的方式。"建构的听"指的是访谈者在倾听时积极地与对方进行对话，在反省自己的"倾见"和假设的同时与对方进行平等的交流，与对方共同建构"现实"的定义。[②]"建构的听"不仅要求调查者能够维持一个友善、舒适的交谈氛围，理解对方的处境与情绪、情绪，还要能够客观、理性地保持自己对研究问题的独立思考，从而拓宽对现实世界的认识。

七、遵守原则，保护隐私

调查者要遵守田野调查的基本伦理与原则，包括向对方说明自己的

[①] 杨恩洪. 人在旅途——藏族史诗《格萨尔王传》说唱艺人寻访散记 [M]. 南宁：广西人民出版社，2007：57.

[②] 陈向明. 质的研究方法与社会科学研究 [M]. 北京：教育科学出版社，2000：196-197.

身份，以及正在开展的调查项目；向对方说明自己获取的信息将以何种方式用于何处，如何保护对方的个人隐私；向对方说明自己将会使用书面记录、视频、音频等方式对谈话内容进行记录等。

需要注意的是，在经过一两个小时，甚至更长的访谈后，交流双方往往会建立起较为熟悉、友好的关系，一些访谈者可能会在情感的影响下淡忘保密原则。因而，在访谈结束时，研究者还需要再次向受访者强调将对访谈内容——包括敏感、隐私的言论等保密，维系相互之间的信任感。

第三节 实地观察法

实地观察法是指调查者深入调查现场，对调查区域进行综合考察和全面系统分析，又可以进一步分为参与观察法和一般观察法。参与观察是指通过在研究场景中参与日常性或惯例性活动来学习的过程。[①] 采用参与观察法时，调查者通常需要在调查地点生活、居住一段时间，深入当地的社会生活，对社区进行近距离的观察，收集一手资料。

实地观察法可以通过以下方式来进行。

一、提前收集资料

去往调查点之前，可以先通过资料检索，了解其基本情况。例如，交通地理位置、历史概况、人口规模、民族构成、政府部门公布的近期旅游人数、国民经济收入、当地特色资源、产业发展特色与水平、公共文化服务建设情况等。

到达实地之后，可以将前期了解的资料与实际观测的情况进行对比，

---

① 斯蒂芬·L.申苏尔，琼·J.申苏尔，玛格丽特·D.勒孔特. 民族志方法要义：观察、访谈与调查问卷［M］. 康敏，李荣荣，译. 重庆：重庆大学出版社，2012：64.

丰富认知。

二、提前计划行程

观察法对调查者的社会交往能力、采集信息能力、对陌生环境的适应能力都有一定要求，提前制订好行程与计划，包括各调查点的路线规划与交通设计、调研分工与时间安排、需要携带物品清单拟定与确认等，都是十分必要的。出行前的计划越详细，到实地之后的工作越高效。例如，调研组要去往A村进行两天调研活动，调研计划如表7-2所示。

表7-2 ××调研组工作计划表

时间	事项	事项说明	负责人
9月20日	分组名单确定	确定调研工作组各小组长、小组成员名单，汇总联系方式	张三
9月21日	工作会	全体成员碰头，讲解调研点概况及相关工作安排	张三
9月21—26日	出行准备	总体计划安排：包括食宿预订、行程路线规划、调研任务分工等	张三
		联系食宿、落实费用及付款方式	李四
		联系A村内交流活动	李四
		联系交通车、落实费用及付款方式	王五
		购买出行保险、落实费用及付款方式	王五
		制作调研花名册、分配住宿房间	王五
		前期调研提纲写作	各小组长
9月27日	出发	9：00 全体人员集合，统一乘坐大巴出发	李四
	入住	10：30—11：00 到达A村，办理入住	李四
	自由参观	11：00—12：00 全体成员自由参观	各小组长
	午餐	12：00—13：00 全体成员在B民宿用餐，标准为四菜一汤，自助餐形式	
	主题交流	13：00—16：00 全体成员参观A村社区，并与××开展主题交流	张三
	走访村民	16：00—18：00 各小组走访村民	各小组长
9月27日	晚餐	18：00—19：00 全体成员在A民宿用餐，标准为四菜一汤，自助餐形式	
	小组讨论	19：30 各小组集中讨论，对选题进行完善与细化，并制定调查报告提纲	各小组长

续表

时间	事项	事项说明	负责人
	就寝	确认小组成员安全回房休息	各小组长
9月28日	早餐	8：00—8：30　全体成员在A民宿用餐，自助餐形式	
	走访村民	8：30—18：00　根据调查报告提纲，各小组再次对A村及周边环境进行探访，积累方案资料与素材	各小组长
	午餐	12：00—13：00　全体成员在A民宿用餐，标准为四菜一汤，自助餐形式	
	晚餐	18：00—19：00　全体成员在A民宿用餐，标准为四菜一汤，自助餐形式	
	返回	19：00　统一乘坐大巴返回	
9月28—10月8日	撰写报告	各小组根据方案中的具体要求写作、提交调研成果	

当然，在实地观察工作开展的时候，提前计划、进入现场、投入工作、记录资料、话题讨论、整理归纳资料等环节并不是各自独立的。它们往往交织在一起，循环往返。观察前细致的准备可以提升工作效率，根据工作场景情况的变化，又可以随时对计划做出修改和调整。

三、尊重当地生活习惯

当我们说民族研究者到田野去，我们的意思是他们离开自己的社区、习惯的环境和熟悉的行为认知模式，进入另一个即将开展研究的社会。在此过程中，他们必须学习当地居民已经通晓的当地语言、主导社会关系的规则，当地居民共有的文化模式、文化愿景和文化意义。① 调研要尊重当地的风土人情、生活习惯等，愿意与当地人员一同吃饭、劳作，愿意参加当地的活动，是与当地社区建立良好关系、信任关系的方式。在"尼安丁"仍未取得实质性的进展，我便动身去了靠近苏拜特河的阿拉瓦克人

---

① 斯蒂芬·L.申苏尔，琼·J.申苏尔，玛格丽特·D.勒孔特.民族志方法要义：观察、访谈与调查问卷［M］.康敏，李荣荣，译.重庆：重庆大学出版社，2012：51.

(Arawak) 的牛营。在那里，我把我的帐篷搭在距他们的风屏（windscreen）几码远的地方。我在那里逗留了三个多月，不包括在美国使馆的那小段时间，一直到了雨季开始的时候。与通常的情况一样，最初也遇到了一点困难，但后来我终于开始觉得自己成为一个社区的成员了，他们也这样接受了我，尤其是在我获得了几头牛以后。① 假设调查的村落是一个少数民族聚居的社区，在制订计划时也要充分考虑这些因素，如下例所示，作好相应准备。

示例

A 村调研注意事项

1. 入住期间气温约为 16℃～20℃，山间早晚温差大，请备好保暖衣物，并自备雨具和防晒用品，创可贴及基础药品。

2. A 村是一个以永续生活为理念的生态社区，全体调研人员请注意保护当地环境，请勿在任何地方乱扔垃圾。民宿提供天然洗发水、手工皂、Wi-Fi、24 小时热水。卫浴及拖鞋均为公共使用，请自带牙刷、牙膏和毛巾，避免使用一次性用品。

3. 调研期间统一安排餐食，同学也可根据自己的饮食习惯携带干粮、食品。

4. 全体调研人员需尊重 A 村的社区文化与生活习惯。

四、充分调动所有感官捕捉信息

实地调查要以专业知识为基础，保持对信息的敏感性。充分调动作者

---

① 普里查德．努尔人：对尼罗河畔一个人群的生活方式和政治制度的描述［M］．褚建芳，等译．北京：华夏出版社，2001：5.

对环境、场景、对象的注意，积极、主动地获取相关信息，如公告栏、生活场景、生活水平、消费水平、受教育程度、对文化服务的参与度、文化设施的完备程度等。

刚开始进入调研社区时，可能对接触到的信息的敏感性还不够高，为了不错过有效信息，观察的时候需要做到眼观六路，耳听八方，保持中立，并且能够迅速做好文字、影像记录。随着对当地的熟悉程度提高，以及与社区人员交流的深入，周围场景、设施、生活习惯、行为模式、风土人情、社会关系及节庆活动等事件的意义就会逐渐关联起来，并显示出它们对于社区的意义。调查者应当特别注意的有：带有关键信息的显著标识，如城门、路牌、公共场馆的正门、带有办事部门标识的门牌、楼幢等；介绍宣传当地历史、文化、突出事迹的宣传栏；反映当地节庆、生活、仪式、服饰、民风民俗的日常生活场景等。在对这些情况进行记录的时候，可以充分利用电子设备的便利性和智能性，如使用的是带有定位功能的相机、手机，拍摄照片、影片之前，务必确认定位功能已经开启，确保拍摄时可自动记录与影像资料相关联的地点信息。这将对后期的资料整理、提取、使用与存档带来极大的便捷。

五、代入多种角色增强体验的丰富性

文化艺术本身就是一个面向大众的存在，调查者在开展调查的时候，不仅仅要将自己视为一个调查者，也要将自己放在消费者、享用者、观众、参观者的位置上，观察产品、市场、消费水平与体验等。《场景理论视角下旅游综合体的评价维度构建与分析——以昆明斗南花市为例》在调查时，如表 7-3 所示，作者可以对其昆明斗南花市周边的交通环境、花市内商家数量与规模、花市交易情况、花市已开发的旅游服务类型、主题旅游产品设计、消费者特点等进行观察并记录。

表 7-3 斗南花卉市场 24 小时营业分版块时间表暨拍摄建议

观测馆或内容	主题馆（游客）一、二楼之间处	主题馆（批发）	夜市	电子交易大厅	多肉大厅	清吧	物流（1号馆1-4栏干花、永生花、资材）	花卉市场入口圆形停车场处（天桥下）	鲜花邮局一条街	小吃街	康乃馨厅	拍卖大厅
观测时间、位置、建议			常规拍摄	该厅为主场馆侧面，与主场馆相连，可在交接处拍摄	建议10点以后，光线较好时	5:30-7:30之间光线不好，如果天天阴需要拍摄，建议在生活艺术馆小广场上，以及四号馆侧通道这两侧有门店的灯光照射，可以辅助拍摄。	区域功能：第3行由B至M各栏的重要程度按色由浅至深排序 中间人理货处，时间不固定，常在下午或晚间理货，干晚则发出物流。	物流，打包为主场M各栏的重要程度按色各楼在快速公司店处	视频较小，常规拍摄	饭点高峰	常规拍摄	只允许会员进入
00:00-1:00			最晚散场为次日0:30左右						进场时间不定，有时0:00开始，有时12、3点开始		撤位撤场时同视经营情况而定 最晚到2:00	
1:00-2:00												
2:00-3:00								2:00大厅关门				
3:00-4:00												
4:00-5:00												
5:00-6:00						5:30开始						
6:00-7:00						各区域清扫完成的时间不一样，最迟约为9:30			6:30之后陆续开门			
7:00-8:00	7:30开门								7:00关闭路灯，清扫现场，便于商铺营业			
8:00-9:00					开门-关门时间同一楼大厅（散客）基本一致，营业时段比一楼短。							
9:00-10:00					参考阳光时间							
10:00-11:00												
11:00-12:00												
12:00-13:00												
13:00-14:00												
14:00-15:00												
15:00-16:00			15:30左右进场									
16:00-17:00												
17:00-18:00												
18:00-19:00												
19:00-20:00	19:30关门			进场								
20:00-21:00		8:40开门		20:30左右，与主场馆批发连通为一个场地								
21:00-22:00												
22:00-23:00			22:00左右开始散场									
23:00-24:00												23:00关门

六、成员及时沟通

当调研活动并不是独立开展,而是以团队形式协作进行的时候,成员之间的协调、交流与沟通是非常重要的。对于现场调研活动而言,应当将调研时间划分成若干小节,工作人员在每个小节间隙做一次交流,对照提纲查漏补缺,相互交换信息,提出对下一小节工作的建议,及时修正或推进调查工作。当调研活动全部结束后,尽快对资料进行汇总、整理和分类。

总的来说,问卷调查法、个体访谈法、实地观察法等,不仅是一种对于论文写作而言非常重要且实用的手段,也是一种非常好的提升自己心智水平的途径。这些方法的运用,将全面提升自己倾听、提问、观察、分析等技能,同时也有利于帮助自己形成成熟、谦逊、有礼的社交态度,有利于综合素养的提升。

第四节　调查资料整理

在完成了前期准备、调研活动、信息分析等工作后,作者便可以基于调查、走访收集而来的信息,及时整理调查资料。从材料类型上看,有图片、视频、音频、文字等;从整理方式上看,应当将图片、视频片段按照时间、场景或主题分门别类地梳理归纳,音频则及时转换为文字,进行"双重"保存。无论是自身记录的文字材料,还是从走访对象处获取的文字材料,均应当及时阅读、记录当中的重要信息。从整理后呈现的成果来看,作者既可以将调查过程剪辑为纪录片,也可以处理为夹叙夹议的音频,还可以撰写田野调查笔记、文化随笔等。当然,随着调查资料的增加,作者可以结合一手资料与学术文献,形成篇幅完整、观点明确、论证清晰的学术论文。

一、田野调查笔记

田野调查笔记即结合走访过程中的所见所闻,将自己每天的心得体会一一记录下来,如整理基础数据、客观情况,并将资料进行有逻辑的分类、进行分析、总结出分论点等。这既是积累资料的过程,也是让认知逐渐清晰、理论与实际逐渐联系的过程。《乡土文化的重建与农民的幸福感》一文就是以详细的田野调查记录作为基础,整理而成随笔日记。作者对自己长期追踪的乡村进行了多次走访,并对所看、所闻给予了详细的现场记录。

《乡土文化的重建与农民的幸福感》[①] 摘选

再一次走进我长期研究的村庄,满眼都是熟悉的街道、房屋和远山,耳边不时响起村民们熟悉的问候"啥时候来的?""在哪家占着?"。村庄就像记忆中静止的物象,一切都是很久以前就感受到的场景;但当暮色降临,我蓦然发现,村民的生活已经在不知不觉中改变了。一天晚上,当我和同学走出所住的阿姨家,立即就被远处传来的摇滚乐吸引住了。在寂静的黑夜中,强劲的音乐声显得极为清晰,阵阵刺激着我的耳膜。直觉告诉我,这是秧歌队新买的音箱制造出来的效果。我们忍不住朝着音乐声传来的方向走去,不一会就来到了村民们扭秧歌的场所——小学校内的一个院落。院落里像往常一样已经聚集了不少看热闹的村民,而音乐声是从装修过的一间屋子里传出。进去一看,我惊讶得半天说不上话来,尽管已经有人告诉过我村民有了音箱后已经开始蹦迪了,但我还是被眼前的景象震惊了。屋子里面挤满了妇女,她们正跟着摇滚的节拍

---

① 潘璐,杨照,贺聪志. 田野笔记三则 [N]. 中国农业大学学报(社会科学版),2007 (12):184.

> 有节奏地踩着现代舞步，或旋转，或摇摆。这些妇女中有很多我都熟识。更令我惊异的是，在这些舞步还不太熟练的人群中，竟然还有不少已经是头发花白的老太太。这些可是我印象中的表情木然、抱着手站在街道两旁的妇女们！这可是一个远离城市、隐于太行山深处的小山村啊！尽管除我们之外，还有不少的围观者，可这些沉浸在舞蹈中的妇女和老人丝毫没有显得羞涩，她们舞得理直气壮，昂首挺胸，脸上还洋溢着我从未见过的自信和幸福感。舞曲结束后，屋子外响起了扭秧歌的锣鼓声，屋子里蹦迪的妇女们转移到了院子里的空地上，一字排开。这时她们手里已经多出了自备的扇子和手绢，再一次兴趣盎然地投入到了扭秧歌的乐趣中，还编排出了不同的动作和花样。

斗南花市是昆明市的文化地标之一。与国内其他花市相比，斗南花市的规模大、交易量大、业态丰富、经营时间长。作者经多次赴实地调研之后了解到，斗南花市是全国唯一一个24小时运转的花卉市场，游客在任意时间点到来，花市都有可参观的内容。基于此特点，作者在走访后，将斗南花市一天24小时内的运营情况，以及自身的感受与思索予以记录，作为后续撰写的学术论文《场景理论视角下旅游综合体的评价维度构建与分析——以昆明斗南花市为例》的基础资料。

 例文

斗南十二时辰

很多人都知道位于昆明呈贡的斗南花卉市场，它是亚洲最大的花卉交易集散地，全球范围内规模仅次于荷兰阿什米尔鲜花市场。在这里，人们可以买到整个中国品种最全的鲜切花，以及所能想到的、所需要的各种各样的花卉资材。但很多人不知道的是，斗南是一个每天24小时不打烊，无论哪个时刻都可以前来探访的"旅游外景地"。

由于24小时不停轮转，斗南的一天究竟是从哪个时间开始的，很难说得清楚。

清晨5:30，若是在冬天，此刻离天亮大约还有一个半小时，"披星戴月"这个词用来形容负责外场清洁的工人最合适不过。他们戴着头灯，被微光点亮的身影在黑暗中缓缓移动，每人用一把约有一米宽的大扫帚打扫着主广场、小巷道与天桥周边在几个小时前散市时留下的花卉残枝。这个占地8000平方米的花卉市场，外场清洁一般会在9点前全部完成。

城市中的大多数人还没从睡梦中苏醒，"鲜花邮局一条街"上最早出摊的花卉商已经在寒风中站了四五个小时。这条街在白天的时候是斗南花卉市场的一条普通商业街，晚间全部打烊后，批发商们便开着小货车在商铺门口一字排开，跟同样赶早间市集的买家们谈论今天的价格与订货量。街灯总是在早上7点时准时熄灭，卖早餐的小推车腾腾升起的热气提醒着人们，多数人的一天，其实现在才刚刚开始。

主场馆通常在7:40开门。如果你对斗南花卉市场熙熙攘攘、摩肩接踵的火爆场面早有耳闻或见怪不怪，建议可以逛一逛早上9点左右的花市。摊主们正陆续进场，将各类花卉、绿植、盆栽从货车上搬到货架上，之后便开始整理摊位——给植物浇水，或是摘下一两根在他们挑剔的眼中不够新鲜的枝丫。这个时间来逛花市的多数是住在附近的游客，经验丰富的摊主们用最简短的语言告诉他们：可以电子支付，可以发物流。无论你将带着行李归往哪个城市，它们都可以完好、迅速地送达你的手中。

一直到10:00左右，都是在花市长大的孩子们比较惬意的玩闹时光。因为游客不多的关系，他们尚可以在宽松的市场里溜滑板车，或是

"放肆"地追追打打。孩子们在市场里发明了许多可以打发时间的游戏，货架、围栏、矿泉水瓶、推车上的轮子、不知道从什么地方飘来的彩色气球……什么都可以成为让孩子们兴致勃勃、沉醉其中的有趣玩具。

花市里的人们没有固定的饭点，任何时刻都有人在见缝插针地吃饭。上午10：30，也许是某人的早餐时间，同时也可能是某人提前开始的午饭时间。10：30过后，游客开始密集地进入，车辆声、脚步声、询价声、此起彼伏的手机支付声……场内空间高达十余米的花市一下拥挤起来，因为人，也因为声音，更多的，是人与声音交织着，秩序感与市井气交织着，共同带来了斗南特有的闹市气氛。

主场馆二楼是多肉市场。这里的卖家出摊时间比一楼稍晚一点——一来多肉植物在阳光照射的时候最好看，营业的时间自然或多或少受到阳光的影响。二来多肉是盆栽，交易的时效性不像鲜切花那么强。多肉植物的叶片大多很厚实，与娇嫩的鲜切花比起来，种植养护似乎要随意得多。但实际上，培养出一盆叶片繁茂、色泽晶莹的多肉植物并不如想象中那么容易，二楼经营多肉植物的卖家多数有自家的种植园，看着那些可爱"软萌"的盆栽，随口一问，都是养了三五年，才长成今天青翠欲滴、人见人爱的样子。

有人说，做花卉生意到底忙不忙还真是说不上来，某天如果不进场，不营业，一切似乎也没有什么不同。一旦进了场子，也总能找到事情做，停都停不下来。这句话，放在夜市摊主们的身上，仿佛人人适用。下午3点半，主场馆外围的夜市摊主们就开始陆续进场了。夜其实还早得很，人们早早地出摊，不过是为了在绵延数百米的广场上占一个心目中的好位置。摆好摊位之后，便是不停歇地收货、理货、算账、打包、收钱，下午的阳光就这样悄然切换成了夜里的星光。路灯是什么时候点亮的？没人注意到。

傍晚时分，夜市上的人最多。送货的、送餐的、批发的、散卖的、拍照的、直播的、游客、市民……商家们的晚餐多数在摊位上用一碗米线、一盒泡面或是两个洋芋就解决了。

　　此刻的广场人声鼎沸，热闹非凡。人们小心翼翼地穿梭于其实没有明显边界的摊位之间，想走快一点，又怕自己走得太快，没看够。想走慢一点，又怕自己走得太慢，逛不完。月光、星光与灯光交织在一起，还有那些铺满整个广场，一眼望不到边的花朵，在眼前营造了一幅亦真亦幻的奇妙场景。在斗南，只有看过这一幕，才算看过"花花世界"。

　　尽管有些摊主会执意坚守到深夜12点，但广场夜市通常会在10点后慢慢散场。如果看到广场上人潮退去，便以为斗南花市的一天就此拉上帷幕，进入休息模式，那你就错了。

　　大约在晚上9点，主场馆内会在下午第一次高峰期结束后，迎来一天之中的第二次高峰期——这一次场内最多的买家不是游客，而是被称为行家里手的批发商们。夜里下订单，没有稳准狠的眼神和十足的经验是不行的。批发商们手里拿着电筒，光亮看似不经意地透过包装袋从花苞上扫过，这批货是哪个等级，值不值得下单，价钱几何，心里已经大致有了谱。买家与卖家之间的话并不多，在经年累月的交易中，彼此形成了内行间的微妙默契。

　　无论天气状况如何，斗南花市面向批发商的夜间交易——俗称对手交易，都会从晚上一直持续到凌晨，这是由来已久的行业惯例。这个惯例得以形成，其中最大的原因，在于配合物流一般在半夜发货的工作特点。主场馆内入驻了各个品牌的物流公司，他们是除了保安之外，每天最后离开场馆的。经历了一天的喧嚣后，偌大的场馆逐渐归于宁静，归于空旷，回荡在上空最清晰的声音，便来自各家物流公司装箱、封箱、装车、发车这一系列已经重复过无数次的动作。

> 当最后一辆物流车驶离场馆，最后一道门关闭，每天有上万人进出的主场馆如同风尘仆仆的修行者，此刻才暂时停下脚步，进入调息状态。而那些在夜幕下渐行渐远的花朵，则从这里开始，穿越昆明，穿越云南，穿越星辰与大海，在晨曦开始苏醒的时候，迎着阳光开满整个世界。

田野调查笔记的主要目的在于详细、及时地记录调研期间的所见、所闻、所想，为后期持续性的观察研究提供饱满、生动的一手资料。因而，在撰写调查笔记时，不必过于注重学术思想的体现。对于青年学生、初学田野调查方法的研究者而言，养成每天以日记的形式记录田野调查心得、体会的习惯，亦是一种学术训练。

二、访谈记录

调查过程中所安排的座谈会、采访，以及其他主题交流，都会为调查提供丰富的基础资料。获得资料后，调查者应当及时地将口头交流转换为文字资料，同时将口头表达里不够正式的话语及时记录为书面用语，为后续撰写调查报告、学术论文提供参考信息。

实操示例

例如，调查者在走访某个县负责电子商务工作的工作人员时，双方交流后，调查者记录了以下对话。

因为我觉得我们这边真的，其实你要说卖好的果子的话，电商这一块可能因为没有品牌不好卖。说实话我们这边没有品牌，其实我所谓的没有品牌，不是真的没有品牌，是没有知名品牌，所以我们去年也打造了我们的公共品牌,就是说邀请我们这些企业、这些好的农户,还有这些通过农垦这边,它质检、农场检测,各种这些分析之后,能达到我们的标准的话,可以入驻我们的公共品牌。

比如说公共品牌,可能这样来做的话,就把这个品牌给它打响了;可能你买了一个红薯,你买了一个石榴,你买了一个葡萄的话,原本你不知道来自哪里,当你看见我们这个品牌,你就知道是出自这个品牌旗下的这些东西,它都是质量过关的。所以我们也是在我们之前还有现在的电商工作当中的话,着力打造我们的公共品牌,因为你必须是我们本地产品,必须达到一定的标准,一定的量的话,你才可以自我服务。

我们在做这个电商的话,我们做的其实也真的就是回头客。可能你去年买了我们的水果,你觉得好吃,那么现在不是各大平台它都会有推送吗?都能够推送信息,你之前买过什么。可能你去年这个时候买,现在我在卖,平台同时向你推送,一推送的话,你觉得回忆起来了,今年可能还买它的对不对?

以上对谈的内容带有很明显的口头交流特点,用词、语言有一定的随意性,逻辑性与条件性尚有欠缺。在调查结束之后,应当尽快将材料整理为通顺、流畅的内容。

为了解决本地没有公共品牌,不利于特色农产品销售的问题,我们着力打造了本地公共品牌平台,邀请企业、农户入驻。当然,要通过统一的质检、分析之后,确定能达到标准的农产品,才可以入驻品牌平台。以前消费者买红薯、石榴、葡萄,可能都不知道从哪里买,但现在看到我们的平台,就知道出自平台品牌旗下的,都是质量过关的。所以我们也在着力把公共品牌平台建设得更值得消费者信任。

同时,我们还充分利用了大数据的技术优势。做电商很看重回头客。现在各大平台都能够推送信息,根据消费者之前的购买记录进行大数据分析，有效增加了对消费者的精准推送，增加了二次消费的概率。

三、影像资料整理

图片、视频资料为科研工作的开展与推进提供了坚实的基础。当然，整理影像资料是一个重要的任务，可以通过以下几个方法来辅助完成。

（1）分类。采集者将影像资料按照主题、时间、地点、人物、事件或其他相关因素进行分类。每个类别均创建对应的文件夹，以便使用时能够方便、快捷地查找。

（2）备份。数字化的影像资料具有易于保存的优势，同时也要防止数字资料由于设备故障、损耗等原因丢失。因此，采集者要确保所有的影像资料都有备份。

（3）删除多余资料。检查影像资料库，删除重复的文件、确定没有使用价值的文件。

（4）元数据管理。许多影像软件允许使用者为素材添加元数据，如实时、自动记录拍摄日期、使用设备、采集地点等。利用这些功能，可以更好地记录图中事件的相关信息。

（5）合理地为文件命名。使用描述性、标签化的名称，并遵循一致的格式，能够提升查找文件的效率。例如，可以使用"日期—地点—主题"的格式来命名文件。

研究方法的选择与应用和论文写作是密切相关的。调查是收集客观事实的过程，而论文写作则是将收集到的材料进行整理、分析和呈现结论的过程。扎实的研究过程可以帮助写作者更深入地理解复杂的现象，揭示要素之间隐藏的模式和关系，提供深入的见解，并为这些见解提供依据。总之，通过合理的研究方法和专业论文撰写，研究者能够深入理解所关注的专业问题，提出有效的解决方案，并为学术界和社会作出贡献。

课后作业

1. 选择一个集市开展田野调查,以日记的形式记录观察到的现象。
2. 选择一个城市广场开展田野调查,以日记的形式记录广场上的人群及其开展的活动。
3. 围绕自己所学的专业,自选角度,自拟选题,设计一份调查问卷。
4. 围绕自己所学的专业,自选角度,自拟选题,设计一份调查计划。

第八章

学术论文范例

⦿ 本章重点

- 通过范文了解论文写作的常见类型。

在具体写作中，各级标题应围绕选题研究的目的而设置，总体来说，应当全面、综合地反映研究者对事物有深度、多角度的调查能力，一手资料与文献资料的结合能力，对事物发展表象与本质的分析能力，以及对事物存在问题的解决能力等。本章将以两篇文章为示范，展示不同风格、不同篇幅专业论文的写作格式、规范与技巧。

《文化产业视域下大墨雨村生态—文化社区营建观察》是观察类学术文章。这类文章注重对个案进行深入调查，积累一手资料。从文章结构上说，作者着重于以调研为基础，阐释个案的外在表现。同时，能够客观剖析其形成的原因，以及该个案对社会产生的影响。作者尊重事物发展的自然形态，主动对事物进行多角度、多层次的思考，但不对事物发展的方向提出建议。

《城市更新背景下工业遗产的改造与再利用分析——以山西晋华纺织厂为例》一文，体现了较为完整的调查报告类学术论文写作要领。在前期准备阶段，作者进行了非常充分的理论阅读、资料查阅，并多次前往实地，观察该园区的运营状况，最终选取了"城市更新"这一视角，探求以山西晋华纺织厂为代表的工业遗产，在城市化潮流下的改造与再利用路径。进入实际写作环节之后，作者保持一定频率的重复调研，动态跟踪园区的改造进度及运营情况，同时综合运用了实地观察、个体访谈、文献查阅等多种方法，丰富对此类工业遗产保护与发展的学术认识。在写作的框架与逻辑构建方面，作者注重将实地调研所采集到的一手图片资料、文字资料体现在论文当中，并且针对发现的问题，提出解决的思路，体现了作者将自身所掌握的专业知识、实地调研方法与写作技巧进行融合的能力。

例文 1：文化产业视域下大墨雨村生态—文化社区营建观察 [①]

摘　要：大墨雨村由于其优秀的自然生态资源与淳朴的民族文化，在近两年吸引了数十位来自全国各城市的新村民入驻。人们带来了丰富的文化活动、民居改建的国际理念，与永续发展的社区观念等。在乡村文化与城市文化的交流与碰撞中，大墨雨村从改建方式、在地活动组织，以及不同文化融合的节奏等方面，都展示了一种生态—文化社区营建的独特路径。

关键词：永续；乡村建设；社区营建

　　文化产业是一个以创意为核心，以文化为根基，以创意阶层为推动力量的产业。自进入 21 世纪以来，中国的文化产业显现出快速发展的态势。而在文化产业发展的进程中，区域不平衡、城乡不平衡，是其中的显著特点之一。更多的文化资源、文化形式与产品、内容都分布在城市，尤其是中大型城市当中，乡镇地区的文化产业发展相对而言存在着文化设施匮乏、文化消费水平低下等特点。但乡镇地区对文化的需求并不淡漠，这一点由近年来各类网络应用，尤其是网络阅读、网络消费、视频直播等方面的用户快速在三线城市及以下地区增长便可窥一二。以网络平台为纽带，乡镇居民在逐渐熟悉，也在逐渐参与各种各样曾经有着"城市"标签的文化生活。如何在村落"空心化"依然存在、城乡差异依然存在的社会背景下，向乡镇民居提供适合的文化产品，如何在城市与乡镇之间、传统文化与现代生活之间构建相互交融、和谐共处的空间，是需要研究与关注的问题。

　　大墨雨村是一个已有 300 多年历史的彝族村寨，属云南省昆明市西山区团结乡，离市区约 50 千米。大墨雨村背依棋盘山森林公园，村落深处坐落着墨雨水库，气候、空气、水源的质量都非常优良，是一个适宜

[①] 本文原载于赵罡，陈岸瑛．守艺·旅游·乡村振兴——2018 年传统工艺青年论坛论文集[M]．南京：江苏凤凰教育出版社，2020：68．

安居生活的地方。2016年以来，大墨雨村吸引了60余位来自全国各城市的"新村民"入驻。与一般的古镇、古城的旅游化发展所不同的是，这些"新村民"在大墨雨村各自租下了一至十处数量不等的合院式民居，并不以发展旅游业为要义，而是极力保持村落的整洁、和谐与安宁。他们将在大墨雨村实现"永续""生态"的生活视作重点，在保存原有建筑特色的前提下，结合自己的创意与实际需要进行改建，与村落中的彝族村民一同生活，为大墨雨村带来新的生活理念的同时，也向外界推广自然教育、文化体验等方面的内容，为城市居民回归乡野生活，体会人与自然、人与土地之间的情感联系提供了空间与平台。

本文基于对大墨雨村的实地探访，剖析这类明显带有国际特色、城市特色的"新村民"的到来，对大墨雨村这样一个少数民族村落产生了何种影响，并对本地智慧与国际技术接轨、传统文化与现代生活方式融合的方式进行探讨。本文所观察的文化活动的设计与运作，对于当今社会背景下思考乡镇文化建设的路径、思考传统村落中的公共文化空间的营建也有着独特的参考价值。

一、本地风土人情与国际观念的平衡

"丽日"永续生活中心是入驻大墨雨村的第一个文化品牌，也是大墨雨村改建的第一所民居。承担"丽日"老宅改建计划的是源自澳大利亚的国际机构"朴门永续"，具体实施团队则由德国、美国、中国设计师，以及来自全国各地的志愿者们共同担任。可以说，团队的每个人都携带着不同的文化特色。这支本身就充满着文化多样性的团队，如何与村落的彝族文化进行融合，是"丽日"需要面对的问题。

《再造历史街区——日本传统街区重生实例》中多次强调过在对传统街区进行改建时，与当地民众沟通的重要性："艺术节与普通展览会极为不同的是，艺术家采用了在当地创作的方法。大部分都是某些人的私有土地，在创作中，'合作'构成了艺术节相当重要的部分。"[1]大墨雨村的社区营建过程中，也将"合作"视为非常重要的环节。究其原因，一是因为当地民众才是社区真正的主人，任何改建的规划必须要充分考虑社区与主人之间的文化血脉，以及血脉所滋养的文化习惯是否得到了应有的尊重。二是建筑并不能简单地理解为房子。它是人们的活动空间，也是一枚伫立着的审美教育标本。瓦当、夯土墙、砖雕、石刻、木质装饰、彩绘、对联……都在向人们展示当地居民的审美趣味与风格。唯有与当地民众进行足够的沟通，对当地文化有了深层次的把握，才能在扬弃取舍之间作出适当的选择。

大墨雨村共有300多户居民，建筑以合院式为主，其中还保存有几幢具有200年以上历史的"一颗印"——样式方正，四面屋檐相连，由上至下俯视时犹如一颗印章的合院建筑。这些建筑由于历时较长，或多或少地受到了风雨的侵袭，外形上有着不同程度的损坏，且在内部空间的分配上，也有着与现代生活不相适应之处。

"丽日"在对所租赁的三处老宅进行改建时，都邀请了当地的长者前来分享、传授自己所掌握的民居营建技艺，如木结构的应用、夯土墙的技巧、材料选择的要点等。而对于出于好奇前来围观的村民，"丽日"团队也通过日常化的交流耐心介绍、讲解改建思路与想法，过程中与村民进行了非常良性的互动，也为"丽日"作为一个文化机构，日后在大墨雨村的正式扎根奠定了必要的基础。

"丽日"在对一号宅院——位于大墨雨村主路入口处的老宅进行"修旧如旧"式重建的过程中，第一，保存了宅院方正的结构，并使用了当地夯土墙的技术对墙体进行翻新。第二，施工队几乎拆下了所有瓦片，以及松动的木质部件、装饰，从中挑选相对完好，能够被继续使用的结构，辅以市场上所购买的与原材料高度相似的建材，对建筑中破败的部分一一进行修复。第三，设计师对内部空间进行重新分配，划分为适合现代居室生活所习惯的样式，一楼为天井、客（餐）厅、卧室、厨房、卫浴，二楼为适合小家庭居住的套间——主人房与儿童房。二楼多余的房间则被改造成了适合聚会的天台。第四，民居内部的基础设施，比如用水处理、厕所污物处理等则采用了对当地环境保护有益的生态设备。

改造完成后，院落从外形上看对彝族文化有着较好的继承，实际使用上不仅修正了一楼原本采光不足的问题，而且践行了"朴门永续"与"丽日"最为重视的生态、环保的观念。各个房间的内部装潢上，都充分展示了简约温暖的都市风格，非常能够引起来自各个国家、各个城市的访客的审美共鸣。可以说，整幢建筑兼顾了功能性与实用性、传统文化与国际理念、审美功能与环保功能。这令老宅、村落、居民、访客之间，从文化层面到视觉层面都呈现出非常和谐的状态。

二、本地生态资源与创意文化活动相结合

理查德·佛罗里达在《创意阶层的崛起》中对创意阶层这个群体进行了概括："一种是'超级创意核心'群体，包括科学家与工程师、大学教授、诗人与小说家、艺术家、演员、设计师与建筑师；另一种群体是现代社会的思想先锋，比如非小说作家、编辑、文化人士、智囊机构成员、分析家以及其他'舆论制造者'。"[2] 目前在大墨雨村生活的数十位"新村民"，分布在咖啡、自然教育、民宿、木工、英语培训、种植等多个领域，与佛罗里达所概括的创意群体十分吻合。他们在大墨雨村所组织的活动，也结合了本地的生态资源特征与自身的创意想法，目的在于构建一个有活力、有归属感的社区。例如：

自然体验课程：自然体验课程主要针对城市居民（家庭）开展，内容

包括以大墨雨村为基地，观察蔬果生长，采摘、制作食物，感受土地、田野、森林与人类的情感联结等。

"永续"项目培训课程："永续"项目培训课程主要针对对"永续"观念感兴趣，并有意在此领域开创事业的群体开展，内容包括"永续"文化观念的理论阐释，以及选择、设计，并实施一个"永续"的建设项目所需要的技术方法等。

村学空间：正在建设中的村学空间地址位于大墨雨村村委会附近，在约200平方米的教学场所中，定期面向村民与市民开设英语、冥想、攀岩、刺绣、木艺、布艺、彝族歌舞等课程。该项目兼顾了大墨雨村新老村民，以及周边城区居民不同层次的精神文化需求，与当地传统文化相关的课程将邀请大墨雨村的老村民进行教授，与现代文化艺术相关的课程则由艺术院校、艺术机构的师生进行培训。

创意手作：新村民以大墨雨村的天然材料为依托，制作洗护用品、草木染与竹木雕刻工艺品等，同时也向外界开放相关体验活动。

创意市集：2018年9月开始，大墨雨村的新村民将每月第三个周末定为市集日。与2007年左右开始在各大城市中兴起的创意市集有所不同，大墨雨村的创意市集上不仅有各类文创商品的出售，老村民也将当地农产品、水果蔬菜、腌菜、当地民间工艺品等带到市集上交换与展示。

著名策展人——日本濑户内国际艺术节总监北川富朗在《艺术唤醒乡土》当中提到，"把年久失修的民居保存下来无任何意义……让艺术回归大众，艺术汲取自然和历史的精华，和自然环境、历史相得益彰，给予观众启发，令他们感动或生发某种感情。这不是单纯的观赏，完全有可能改变一个人的生活方式。"[3] 大墨雨村新村民对社区营造的理解，与北川富朗是高度相似的。作为各类文化活动的核心组织力量的"新村民"，始终注重与大墨雨村当地文化、环境的融合，基于当地的资源，进行活动的创意与策划。其目的并非通过吸引游客，令大墨雨村一跃成为热门旅游景点，而是逐步制定、推行一系列与大墨雨村文化氛围相契合的活动，与老村民共同努力营建一个能带来幸福感的居住空间。

三、乡村生活习俗与城市生活节奏的融合

乡村与城市的文化差异是无法忽视的，也是无法互相取代的。在《农民社会与文化》当中，罗伯特·芮德菲尔德提醒了我们在社会快速发展的背景之下，观照乡村文化"真实是否"的必要性："这么一个村庄的文化全是教师们和各行各业的模范人物们硬把它打扮出来的。"[4]

丽江大研古镇是云南，也是全国较早进行旅游开发的古镇。有许多外来的"新移民"到丽江租下当地的院落，改建后向游客提供旅游服务，其中不乏酒吧等现代感较强的休闲娱乐场所。随着丽江旅游产业的发展，这些与当地村民生活并不一致的服务场所的普及，带来了"新移民"与"老村民"之前文化差异的扩大化，大部分村民先后搬离了丽江古镇，居住在丽江新城区中，古镇则逐渐让位于来自全国各地的城市"新移民"。换言之，在丽江旅游文化产业快速崛起之后，来到丽江参观与体验传统民族文化的游客，所感受到的已经未必是原汁原味的传统文化了。在《被展示的文化》中，就阐述了随着城市化发展与文化产业的快速推进，拥有自然资源的乡村进入了"符号时代"这一趋势，"乡村和自然的神话处于技术统治力量之外并与之抗衡，驱使人们去参观——想看看它们是否还在那里。"[5]

大墨雨村因为其优良的生态资源、淳朴的民风民俗，同样吸引了来自全国各地的"新村民"入驻。与其他旅游化发展古村镇不同的是，"新村民"对大墨雨村的传统文化与生活方式始终非常尊重，对乡村文化与城市文化应该在边界中并存这一观念也有着清醒的认识。为了维持二者的和谐，甚至改变了自己原本在城市当中形成的一部分生活习惯与节奏。

大墨雨村尽管已经普及了电网,以及有线电视、网络等基础设施,但这些休闲娱乐并未过多地渗透人们的生活。村里主要的经济收入方式是蔬果种植,人们每天早上两三点已经起床劳作,将蔬果成批运往昆明市区的菜市场销售,售完之后返回家中休息,生活内容比较简单。多数村民所保持的这种早出晚归的生活方式,也是大墨雨村维持着宁静氛围的重要原因。

同时,大墨雨村依然保留着本民族的传统文化。除了每年农历六月的火把节进行最盛大的庆祝活动之外,每个月老村民们会聚集在山神庙中举行祭拜仪式、诵经敬神。打跳、三弦、左脚舞等彝族传统歌舞并没有淡出人们的生活,在节日或聚会时,人们都会在小广场上自发地进行表演。彝族是一个非常擅长手工艺的民族,村里的妇女所穿着的布鞋、披肩、围腰等服饰上,都能够见到手工缝制与刺绣的技艺。

移居至此的新村民们很自然地融入了老村民的生活方式当中。大墨雨村目前向外租赁的院落都带有菜地,新村民积极地向老村民学习种植经验,并在各自的院落中种植了蔬菜、瓜果等,满足日常生活食用。新村民们在当地所运作的各类文化机构、民宿、咖啡馆、餐厅,均未提供节奏快、人流量大的服务与活动,也未产生任何对环境带来困扰的污染、噪声等问题。新村民也十分尊重大墨雨村的传统节庆活动与民族工艺,在进行文化活动的策划时,在与传统节庆的融合上做了一些尝试,如共同排演节目,共同参与集市等。可以看出,新村民们并未表现出对"改造"大墨雨村的"城市优越感",而是在以一种缓慢的节奏,寻找、探索与大墨雨村的原貌相适应的商业模式与生活方式,令早已形成并延续数百年的乡村文化习俗,与他们所携带的城市生活习惯之间,能够达成和谐共处的状态。

自2016年10月以来,大墨雨村已有60余位新村民先后入驻。在新村民的努力下,大墨雨村的基础设施、生态系统等方面已经有了明显的改善，同时作为一个彝族村落的文化内核并没有发生改变，这与新村民们对大墨雨村原有文化始终持以尊重与珍视的态度是分不开的。

四、结语

在"美丽乡村"这一建设规划提出之后，中国诸多乡村都更为积极地探索发展之道。如何在提升乡村的经济价值的同时，既展现村落文化特色，又保护优秀的文化遗存不被外来文化所稀释，是许多乡村所面临的时代命题。

同样在政府的总体规划之下践行着"美丽乡村"建设的大墨雨村，在"新村民"到来之后，由于各类创意文化活动的实施，激发了村落的活力。同时也通过不间断的活动与新媒体推广，让它有了展现的机会，吸引了来自全世界各个国家的访客。大墨雨村在持续与外来文化、外来观念相交流的两年中，本土的文化、面貌与氛围依然得以比较完好的保存，首先源于当地政府对建设规划的整体把握得当，其次源于老村民对自身文化潜在的重视与自信，最后与村民们对文化的认识与尊重分不开——人们尊重乡村文化与城市文化之间该有的边界，并致力于共同营建可供两种文化共生的、以永续为发展目标的生态—文化社区。

注释：

[1] 小林正美. 再造历史街区：日本传统街区重生实例［M］. 张光玮，译. 北京：清华大学出版社，2015：90.

[2] 理查德·佛罗里达. 创意阶层的崛起［M］. 司徒爱勤，译. 北京：中信出版社，2010：78.

[3] 福武总一郎，北川富朗. 艺术唤醒乡土［M］. 李临安，杨琨，译. 北京：中国青年出版社，2017：42.

[4] 罗伯特·芮德菲尔德. 农民社会与文化［M］. 王莹，译. 北

京：中国社会科学出版社，2013：95.

[5] 贝拉·迪克斯. 被展示的文化 [M]. 冯悦, 译. 北京：北京大学出版社，2012：55.

例文2：城市更新背景下工业遗产的改造与再利用分析——以山西晋华纺织厂为例①

摘　要：本文以城市更新为背景，探讨了工业遗产改造和再利用的理论与实践。工业遗产的保护和再利用，不仅可以保留城市记忆，延续城市生命，塑造城市底蕴，满足城市情感，还可以带动区域产业转型发展，推动城市复兴。文章以山西晋华纺织厂向晋华1919园区转变中的改造再利用为例，介绍了晋华1919园区利用旧址建筑、文化元素，以文创产业为入手点，重塑老厂区的城市功能，打造拥有丰富空间体验和独特的文化氛围的都市中心的做法。

关键词：城市更新；工业遗产；改造；再利用；山西晋华纺织厂

引　言

城市更新是一种对于城市中老旧衰败地区进行改造重塑使其更顺应社会发展的一种手段，在城市现代化进程中也发挥着不可忽视的作用；而工业遗产作为工业文明的存续，从物质和精神上都深深地烙印着城市发展的痕迹。

我国对工业遗产的关注主要体现在由政府主导，结合城市发展实际需求的工业遗产保护与再利用实践。

刘伯英、冯钟平在2009年出版的著作《城市工业用地更新与工业遗产保护》中提出并强调了"工业用地更新"的概念，明晰了工业用地更新

---

① 本文作者系云南艺术学院艺术管理学院2019级文化产业管理专业王诗语同学。

从驱动到机制的整体框架，也引入了德国、法国等地的工业用地更新的实践案例。同时，作者在书中提出了工业遗产的定义内涵、研究方法、田野考察、价值认定、保护管理等内容，对工业遗产保护进行了全面阐述，在领域内产生了较为深远的影响。

在2019年发表的文章《非一线城市工业遗存更新中的问题及对策研究》中，作者李佑、刘力着重研究了在城市工业地段更新的背景下非一线城市工业遗存更新中存在的问题，并结合国内外的成功案例提出在非一线城市中不能照搬一线、准一线城市的成功经验，应当借用工业地段更新这一机遇，以改善市民生活为目的、以满足发展需求为手段、以增强城市活力为目标、以塑造工业景观为途径，遵循因地制宜的改造原则去寻求产业结构的调整优化。

刘丽东等人在2021年发表的文章《资源型城市工业遗产创意活化及其空间组织研究》中，首次将资源枯竭城市的遗留工业遗产作为研究目标，并在此背景下再次强化"价值评价是工业遗产保护和再利用的基础"这一概念。文章中对示例安徽淮北市工业遗产进行了从空间分布、文化意义、类型构成、再生价值等多方面的评价体系搭建，而这一体系也影响到了现在的工业遗产价值评价体系。

同年，刘长安等人在《价值判断与利益平衡——中小城市工业遗存更新策略探讨》中结合中小城市发展现状，结合价值判断和利益平衡两方面构建了适应了中小城市的工业遗存更新策略。文章总结出当前背景下中小城市工业遗存更新存在的普遍性问题，并提出了适量提质的规划策略。

整体来说，国内近年对于工业遗产保护与再利用的方向着重于在建筑门类与设计方向的工业元素景观设计，以及工业遗产旅游这一大门类，集中在文旅融合政策背景下如何对于工业遗产进行制度到空间的改造使其更适于成为旅游资源以带动城市经济发展。在工业遗产的保护与再利用这一方向，目前的共识是价值判断是重中之重，城市对于工业遗存和工业遗产的更新策略也应当以价值判断为主，在此基础上有较多的研究探讨。

在 21 世纪的前 10 年曾有过工业遗产园区改造的热潮，国内的多个城市都有过大量的尝试，并提供了具有指导意义的宝贵经验。时至今日，在时代变化和经济社会的发展需求下，工业遗产的改造与再利用被更多地视为一种带动经济增长、推动城市更新并以此构建更丰富多元的文化经济业态的手段。

晋华 1919 园区位于山西省晋中市，前身为晋中市家喻户晓的晋华纺织厂，是该市的第一处工业遗产园区改造案例。作为由晋中市政府牵头、晋中市文物局提供支持的文化产业重点项目，晋华纺织厂旧址的改造也被赋予了更深层次的战略价值和资源价值。本文在城市更新的背景下，通过研究晋华 1919 园区的改造手段，在肯定其保留城市文化记忆、补充文化产品供给的作用的同时，结合园区运营的实际效果指出其存在的建设周期长、品牌单薄的问题，并尝试给出具备可行性的建议。

一、相关概念的简述

（一）城市更新的概念

"城市更新"这一概念最早可以追溯到欧洲文艺复兴时期罗马的城市更新策略，这之后由英国学者霍华德、伊利尔·沙里宁等人建立起早期完善的城市更新理论，他们以"城市田园"为理论核心，不断扩张更新对象的范围，并提出了建立新的、乡村化的城镇、建设遏制人口对外扩散的绿化带和"有机疏散"等城市更新手段；进入 20 世纪 60 年代，城市更新理论在亚历山大等学者的研究下，以可持续发展理念作为指导，将改善人们的居住环境延伸为对城市历史文化、城市历史建筑的保护与传承[①]。在持续

---

① 刘伯霞，刘杰，王田，等. 国外城市更新理论与实践及其启示［J］. 中国名城，2022，36（1）：15-22.

了近百年的对于城市更新理论的研究中,城市更新被最终确立为是一种对于城市内部进行调整使其更适宜于经济社会发展的手段。

在我国,"城市更新行动"被首次明确提出是在2021年发布的《中华人民共和国国民经济和社会发展第十四个五年规划和2035年远景目标纲要》,其中将城市更新的实际内容定义为"按照资源环境承载能力合理确定城市规模和空间结构,统筹安排城市建设、产业发展、生态涵养、基础设施和公共服务。推行功能复合、立体开发、公交导向的集约紧凑型发展模式,统筹地上地下空间利用,增加绿化节点和公共开敞空间,新建住宅推广街区制。推行城市设计和风貌管控,落实适用、经济、绿色、美观的新时期建筑方针,加强新建高层建筑管控。"这段话不仅体现出城市更新这一概念在中国的研究语境中所被强调的实践意义,也将城市更新在我国现阶段的主要特点确立为注重存量提升、推动设施配套建设与推行绿色生态文明建设等,而这也正是与我国的社会发展与经济结构相适应的。

(二) 工业遗产的概念

在2003年7月由国际工业遗产全体代表大会通过的《下塔吉尔宪章》中,"工业遗产"的定义是"由工业文化的遗留物组成,这些遗留物拥有历史的、技术的、社会的、建筑的或者是科学上的价值。这些遗留物具体由建筑物和机器设备,车间,制造厂和工厂,矿山和处理精炼遗址,仓库和储藏室,能源生产、传送、使用和运输以及所有的地下构造所在的场所组成,与工业相联系的社会活动场所,比如住宅,宗教朝拜地或者是教育机构,都包含在工业遗产范畴之内。"在该概念中,工业遗产被强调为是工业文化的遗留物载体,从工业生产的相关设施到建筑场所都被纳入体系内。

在2004年由国际古迹遗址理事会(International Council on Monuments and Sites,ICOMOS)发表的《世界遗产名录:填补空白——未来行动计

划》中,将工业遗产新命名为"农业、工业以及技术遗产"并定义为"场地系统,农业景观,农业聚落,水管理系统(水坝、灌溉等),采矿,采矿景观,工厂,桥梁,运河,铁路,工业聚落等"。该概念是对于《下塔吉尔宪章》中工业遗产概念定义的补充,增添了农业聚落与工业聚落两个词条,将社区与现代技术等内容纳入讨论。

总的来说,广义上的工业遗产是在工业化的发展过程中留存的物质遗产和工业精神文明的总和。从价值角度进行考量,工业遗产是我国工业现代化的产物,是城市工业文明的载体,也代表了工业活动的成果和遗迹,反映了人类工业活动的历史痕迹和创造力,具有独特的历史价值、美学价值和经济价值。

二、城市更新视野下工业遗产改造与再利用的意义

(一)城市更新视野下工业遗产的资源属性被激活

在城市产业结构调整、转型的这一时期,大量的工厂或迁移或关闭,在城市中心片区遗留了闲置地或废弃地。从城市更新的视角来看,这些闲置地与废弃地是盘活城市存量用地、挖掘城市发展空间、推动城市第三产业向更优结构状态的主要对象,将以老旧厂区的身份参与"存量提升"这一改造过程。

在2014年3月由中共中央、国务院印发的《国家新型城镇化规划(2014—2020年)》中第二十四章"深化土地管理制度改革"中提到"要实行增量供给与存量挖潜相结合的供地、用地政策,提高城镇建设使用存量用地比例"和"推进老城区、旧厂房、城中村的改造和保护性开发"。

2014年9月,国家出台了《节约集约利用土地规定》,提出鼓励提升工业用地利用率与有效促进土地经济价值提高的相关条款,主要加强了工业遗存与工业遗产的土地经济价值;2015年出台的《中国文物古迹保护准则》中则提到了文化遗产所具有的历史价值、科学价值、艺术价值、社会

文化价值。

结合以上三项政策，工业用地中工业遗产的价值表现为经济价值和文化价值的统一，因此在定位上也应遵循该统一。在经济方向上，将工业遗产视为盘活资源与革新所在片区整体经济结构的主要资源，力求通过改造来做到对于城市经济结构的优化；在文化方向上，将工业遗产的保护与再利用作为对于城市文脉的补充，不仅将其加入社会公共文化产品的供给体系，响应供给侧结构性改革的号召，也深入挖掘其作为特殊的文化遗产所具备的公共教育功能和科研功能。

（二）城市更新视野下工业遗产的产业功能被挖掘

随着我国城市化水平的不断提高，城市更新作为一种城市发展和转型的重要手段，也日益受到学术界和实践界的关注。特别是改革开放以来，我国城市更新理论和实践在不断地创新和完善，形成了具有中国特色的城市更新模式和路径。

工业承担着繁荣市场、拉动出口、扩大就业的职能，而一座城市的现代化也离不开工厂的建设发展。在我国的现代化产业结构调整这一过程中，传统工厂搬离逐渐搬出城市中心，其中部分工厂在产业转型升级、调整合并的过程中或淘汰或破产。在这几种情况下，大量工人迁出工厂，仅仅留存着工业生产设备和厂房的工厂也由此转变为不承担城市工业生产的工业遗存，保有着城市的文化记忆和可待发掘的文化资源。这些工厂虽然失去了原有的生产功能，却留下了丰富而独特的工业遗产，包括建筑、设备、产品、工艺、文档等，它们记录了城市的工业历史、社会变迁、文化底蕴等方面，具有重要的历史价值、科技价值、社会文化价值和艺术价值。

这些工业遗产在城市更新中具有巨大的潜力和机遇，可以通过保护性再利用、功能再造、形象再塑等方式，实现与城市功能和形态的融合和协调，为城市提供新的活力和魅力。同时，这些工业遗产也可以成为城市居民参与和体验城市历史文化、享受公共服务、展示创意才华等多种活动的场所，为城市提供新的品质和氛围。

因此，工业遗产在城市更新中发挥着重要的第三产业功能，其独特的历史性促进了功能的创新性转型，使得工业遗产不仅保留了城市的文化记忆和传承，也提供了公共教育和旅游创意等多元化服务，而这样的转型都是基于城市更新这一理念来实践的。

（三）城市更新视野下工业遗产的服务作用被提升

城市更新本身是对于城市文明与物质载体的一次重构，管理者将城市土地结构优化和空间资源配置的功能投入具有前瞻性、延展性的城市规划中，对具有开发意义的城市资源进行梳理、整合和高效利用，以此来更好地与城市和社会发展相协调。而城市更新的目标决定了管理者使用手段所考虑的更新层次与变革节奏。

在重构的浪潮中，工业遗产势必不只作为单一的土地资源和文化资源被开发，而是将与产业的发展需求相适应，在环境、资源、传播方式的支撑下，更好地服务于未来发展和公共生活。

总的来说，城市发展的根本需求和工业遗产本身具有的资源禀赋共同决定了工业遗产发展的目标、方式、走向和结果，这是在多方因素影响下持续进行动态调整的过程，但每一次调整都是为了让工业遗产能够更好地服务于城市和社会，在可持续发展、节能绿色发展、特色文化体系发展的要求下不断地与社会进行交互，以此来获得更好的资源效益。

山西晋华纺织厂（以下简称晋华厂）是山西省晋中市内具有典型性的工业遗产改造项目，从宏观层面看，山西晋华厂的改造既顺应了晋中市盘活存量，拉动发展的需求，也提供了城市工业文明激活再创造的路径；从微观层面看，晋华厂的改造不仅能够保留其具有较高历史价值的物质遗产，也能够留存晋中市民的文化记忆。通过分析晋华厂的改造再利用模式，也有助于提供工业文明在城市更新背景下的发展经验。

三、城市更新视野下山西晋华纺织厂的改造与再利用

（一）山西晋华纺织厂概述

山西晋华厂位于山西省晋中市榆次区，由徐一清等人以民族企业家身份筹建于1919年，创始于1921年，投产于1924年，宣告破产于2006年，曾是山西省规模最大的纺织厂和全国500家最大的纺织企业之一。在抗日战争期间，晋华厂曾被日军占领并掠夺生产军备物资，在1948年，榆次被人民政府收归管理。2006年，晋华厂负债率达到230%，被国家正式批准破产。

晋华厂是山西近代民族工业发展的见证者，留存的机器设备保留了历史时期山西的先进纺织工业技术，记录着山西近代工业的起源与蓬勃发展，而曾在晋华厂中所爆发的反对阶级剥削、反对"三座大山"压迫、争取自主独立、追求健康生产的工人运动也是山西红色文化与工人文化发展中不可或缺的一部分。

在建筑方面，晋华厂记录了中国传统建筑向现代建筑的演变，是"西风东渐"时期的缩影。晋华厂主体为砖混结构，即承重墙与附壁柱采用砖或砌块砌筑，柱、梁、楼板、屋面板等采用钢筋混凝土结构。晋华厂在拱门、开间、装饰雕刻与室外廊道等部分既保留了中国的传统风格，又融入了欧式古典主义风格的建筑特征，将古希腊、古罗马、拜占庭、哥特等风格汇入其中，整体来说具有较高的建筑艺术价值。

2010年8月，在山西省国有资产监督管理委员会（简称国资委）的牵头带动下，"山西工业遗产保护"工程开展。由晋中市政府确立晋华厂遗址的保留面积为84.28亩，其后又相继出台了《晋华纺织厂旧址文物保护规划大纲》《晋华纺织厂旧址文物保护规划和欧式办公楼、南北廊房修缮设计方案》等文件，对晋华厂的建筑改造作出指导。

2011年，晋华厂旧址被公布为县（区）级文物保护单位，被确定为近现代工业遗产。2012年晋华厂旧址保护利用项目被列入晋中市文化产业重

点项目。2016年,晋中市引进民营资本开始对晋华厂旧址进行保护利用。2017年,晋华厂旧址修缮竣工,"晋华1919·中国营造大坊"正式启动。

(二)晋华纺织厂的主体改造

晋华厂的建筑改造是一种对历史建筑的尊重和保护,既保留了建筑的原有结构和风貌,又进行了适当的修缮和改造,使其符合现代的使用需求和审美标准。这种改造方式是一种对工业遗产的活化和再生,既展示了晋华纺织厂的历史文脉和记忆,又赋予了它新的文化内涵和功能意义。

1. 总览

2016年,由晋中市与天津创投资产管理有限公司合作正式启动实施晋华厂旧址保护利用项目"晋华1919",在原厂址上建设了"晋华1919博物馆"和集娱乐、餐饮、培训为一体的综合场所,同时启动了"中华营造大坊"活动项目,设立了营造研习所、营造研究院、营造产业基金。

天津创投资产管理有限公司在改造中,主要采用的是产业园区的保护模式,即对老车间、老仓库进行集中改造,节约改造成本的同时最大限度地保留老建筑所蕴含的工业文明和居民记忆,并根据分区功能新建了几处满足园区规划设计的建筑。晋华1919将园区划分为天工坊、天匠坊、天艺坊、天化坊、天娱坊和天乐坊等几大板块,并各自承担着不同的功能,园区平面图如图8-1所示。

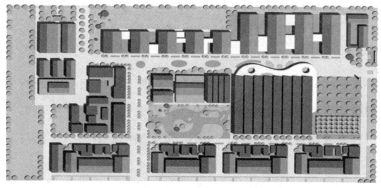

图8-1 晋华1919园区平面示意图

晋华1919园区内率先完成建设的板块分别为天工坊、天匠坊和天娱坊，品牌入驻情况如表8-1所示，在入驻的12个品牌中，餐饮类占比最大，共5个。作为天娱坊主体的天工坊和天匠坊是园区内规模面积最大的两大板块，占据了园区的主体地位，天娱坊的主体鹭羽文创园截至2022年3月24日调研时，仍处于歇业状态，开放时间待定。

表8-1　晋华1919园区品牌入驻概况

名称	类型	经营现状
一品黄牛	餐饮	运营中
大四喜港式鲜牛肉火锅	餐饮	运营中
尚得厅堂	餐饮	运营中
瑞云镇餐厅	餐饮	运营中
山西小胖面馆	餐饮	歇业
秘密花园儿童摄影	摄影	运营中
暖阳婚纱馆	摄影	运营中
晋华游泳健身俱乐部	文体	运营中
晋华1919影城	文体	运营中
满堂里·婚礼堂	文体	运营中
鹭羽文创园	公共文化	歇业
晋华1919博物馆	公共文化	运营中

2. 天工坊

天津创投公司对晋华厂旧址进行片区划分时，将占地面积较大且相连接的纺纱车间和机修车间进行合并，并结合建筑原有的工业生产功能，命名为天工坊，职能也以营造传习为主，主要内容为百工技艺体验、非遗传承和艺术生研习等。

纺纱车间占地一层，面积为7190平方米，采用起到承受拉力作用的木制桁架结构，以水泥柱为支撑，内部放置钢管；车间的屋顶形状为锯齿形，采用自然光照明。纺纱车间本身的建筑架构能够节省大量的采光、照明费用，同时特种屋顶也能够保证车间的通风、防排烟需求。

机修车间占地一层，面积为1760平方米，坐南朝北，平面为长方形，同样采用了木制桁架、水泥柱支撑的建筑构造；在车间的北立面建有两窗一门，为券顶（接近半圆形的拱顶）；与纺纱车间不同的是，机修车间为双坡顶，并在东、西两侧都建设了老虎窗，改善了车间的采光条件。

在两座车间的施工改造中，根据不同车间的特性，锯齿形、双坡形房顶和老虎窗等特色设计仍被保存下来，并通过材料的更新替换、结构的打磨优化和角度的设计调整等，留存并发扬了采光、通风、防排烟的建筑优点，不仅做到了对前人建造智慧的传承，也更加有利于空间的再利用。

车间的外部墙体涂装以互补色为主，机修车间的外墙为瓷白色，屋顶覆盖山西传统瓦片，呈青灰色；纺纱车间的外墙以青砖堆砌为主，锯齿形屋顶则以瓷白色配合青灰色。两座车间的外窗选用本地特制的树叶形小型瓦片，串出晋中农村常见的装饰图案。

3. 天匠坊

晋华厂内共有仓库9座，占地都为一层，面东朝西，从1号至9号依次排开，保存较为完整，外观在改造中未有较大变化，在策划改造之时被确立为天娱坊，承担了园区内文旅体验的职责。作为园区改造的主体，9座仓库基本都被整修并招商成功，只有8号仓库保留为园区内部仓库存放旧物。

1号至5号仓库建筑面积均为590平方米，面阔8间，进深6椽；6号至9号仓库建筑面积均为1085平方米，面阔16间，进深9檩。9座仓库在改造中保留了原有的砖混建筑结构、灰陶质筒板瓦铺设的屋面等，同时对仓库整体进行加固，引入了薄型特制玻璃、外设灯光展示来改善旧仓库透光性差、采光不佳的问题。

1号仓库原有楷体匾额浮雕"壹号"已经损坏。在承包给"秘密花园儿童摄影"后1号仓库由南面向2号仓库延伸连接建设玻璃结构一层建筑，作为该机构的接待正门；2号、3号仓库被餐厅"尚得厅堂"承包，两座仓库之间的联通廊道开放东向大门作为餐厅接待正门；4号、5号、6

号仓库被婚庆公司"满堂里"承包作为礼堂使用，内部改造完全舍弃原有仓库的工业建筑风格，被更改为西式礼堂风格；7号仓库为满堂里的接待中心，内部装饰较为典雅；8号仓库被保留为园区内部仓库，不对外开放；9号仓库坐北朝南，现为大型餐厅"一品黄牛"所在地。

9座仓库的改造基本上遵循招商品牌的改造意愿，在对外墙、照明窗和仓库内水、电线进行整修使其变得更适宜作为活动场所后便基本完成，各商家再根据需求进行内部的硬、软装设计和实装，因此天娱坊的旧有工业元素仅保留于仓库的外观设计，内部基本没有留存。

（三）晋华纺织厂的设计再利用

在晋华厂向晋华1919园区转变的过程中，其将文博创意产业作为立脚点，融合山西本土历史文化资源，打造了带有晋华精神的公众文化空间，兼顾社会效益与经济效益。

1. 晋华1919博物馆

晋华厂破产后遗留有不同国家不同地区不同时期的各类工业机器设备155台，器材1530件以及各类档案3万多卷，包括沾棉机、梳棉机、梳纱机和抗日战争时期的工人运动材料与纺织技术工具书籍等。这些宝贵的工业遗产被移交至"晋华1919"对外展出，现存于天工坊晋华1919博物馆内，日常向公众开放。

晋华1919博物馆是由山西大学设计学院师生负责的专项改造项目，以机修车间为改造主体，借助其空间宽阔、采光良好的建筑条件，保留了水泥立柱作室内空间分割，并引入多种色彩的室内灯光来弥补深色墙面带来的视觉暗沉效果，作为专门保存晋华纺织厂各类生产机器设备、工人运动资料的场所使用。

馆内视野开阔，以历史演变为展示逻辑，将机器、文件等物品分类、分时空来摆放陈设，并在具有研究意义的设备资料旁放置讲解说明以供参观者阅览。

2. 晋华 1919 电影院

晋华 1919 电影院为园区新建设施，整体建筑风格与园区内其他设施相同，坐东朝西，采用青砖堆砌和盖瓦屋顶，但正门招牌处放置了蜘蛛侠等电影人物形象，配合外墙张贴的电影海报，与园区主打品牌有所出入。

电影院内部采用了红色地毯、礼宾栏杆隔断、彩色拉花装饰等元素营造出 20 世纪 90 年代的电影院风格，结合园区的"老晋华"氛围，做到风格统一的同时也吸引了晋华职工的返厂活动。

四、城市更新视野下山西晋华纺织厂园区改造的作用

山西晋华厂改造是一个典型的城市更新案例，从盘活城市存量资源出发，对历史文化进行保护，保留了晋华厂的工业遗产和传统文化，展示了山西的传统工艺和民俗风情；同时，它反映了对城市功能的完善，通过引入文博创意产业等新业态，增强了城市的活力和吸引力；最后，它体现了对社区和居民的关怀，通过改善环境、提供服务、增加就业等方式，提升了居民的生活质量和幸福感。

（一）保留了文物建筑

工业遗产中的文物建筑是工业文化的重要载体，具有历史价值、经济价值和美学价值。保留工业遗产中的文物建筑，有助于校正、完善和丰富文化记忆，增强民族自豪感和自信心，传承工业文化和工匠精神；可以通过改造再利用，发展新型产业，带动区域产业转型发展，推动城市复兴，实现资源节约和循环利用；还可以通过艺术处理，展现出一种废墟美学和生态美学，形成一种有别于传统建筑的城市景观，满足人们对多样性和个性化的审美需求，提升城市品位和气质。

目前，晋华 1919 园区内保留的文物建筑有东门、南门、欧式办公楼、9 座仓库（1 号仓库连至 9 号仓库）、2 座车间（纺纱车间、机修车间）、水塔。在改造中这些建筑被全部保留，除 8 号仓库被保留为园区自用仓库

外，其余全部被承包为商业与文化场所，公众可进入参观。晋华厂旧址遗留的厂房与库房都体现了较为典型的中国早期工业文明发展的审美风格，也是晋中市城区内典型性的历史建筑。

晋中市政府以"保护为主、抢救第一"为改造理念，对图8-2所示老化严重的旧厂房采用框架保留、加固墙面、整修窗台等方式和对遗存生产设备采取保留、修复、补漆等手段来做到图8-3所示的"修旧如旧"，不仅将原先受损较为严重的建筑重新投入使用，也有效延长了建筑寿命。

图8-2 改造前的晋华厂仓库

图8-3 改造后投入使用的仓库

（二）重现了文化记忆

文化记忆是城市发展和更新中不可或缺的重要因素，它对于城市有着多重意义。首先，文化记忆是城市的灵魂，能够增强城市居民的归属感和认同感，激发他们对城市的热爱和责任感，使城市有着独特的个性和魅力；其次，文化记忆是城市的财富，能够为城市提供丰富的历史资料和文化元素，激发城市居民的创造力和想象力，促进城市的文化创新和产业创新，使城市有着强大的竞争力和活力；最后，文化记忆是城市的根基，能够为城市提供稳定的历史连续性和文化延续性，培育城市居民的历史意识和文化自觉，促进城市的可持续发展与和谐发展，使城市有着坚实的基础和前景。

在晋华厂的鼎盛时期，厂内拥有职工1万余人，下设第一分厂、第二分厂、地毯厂、印染厂四大分厂，以及晋华幼儿园、晋华小学、晋华技校、晋华中学、晋华医院、晋华报社、晋华电视台等，影响力较大，涉及工人家庭千余个，这些职工在晋华厂2006年起宣告破产后陆续离开了厂区，地毯厂等分厂也在社会发展中被逐渐淘汰，而晋华小学、晋华中学等子弟学校仍然作为公立学校留存至今。

在晋华厂近百年的发展历程中，无数的晋中市民都曾与它同行，见证了它从辉煌走向落寞的历史，曾经的晋华厂职工都会骄傲地介绍自己为"晋华人"，他们的家庭生活也早已自然而然地融入晋华厂之中。"晋华"这块招牌曾寄托着数万人的社会情感，镌刻着光荣璀璨的过去、朝气蓬勃的现在和充满希望的未来。

晋华厂旧址的改造再利用是对于晋中人文化记忆的一次重塑，借助着广大市民的"晋华情怀"再次走入大众视野，园区内开设的晋华1919博物馆也陈列了诸多具有代表性的德国进口空压机、打包机、木制模型等，这些都是纺织厂内原有的生产机器，寄托着职工们最深刻的劳动记忆。这系列举措也推动了园区的城市功能从物质遗留向具有内涵的工业景观转变，增强了园区的独特性。

（三）丰富了公共文化活动

公共文化活动是城市文化发展和市民素质提升的重要推动力，对于城市和市民而言有着多重作用。公共文化活动可以丰富城市文化，展示城市的多元文化，提升城市的文化品位和气质，塑造城市的文化形象和特色，增加城市的吸引力和竞争力。同时，公共文化活动可以提高市民素质，满足市民的精神文化需求，丰富市民的精神生活，提高市民的审美能力和创造能力，增强市民的自信心和自尊心，促进市民的全面发展。2022年5月，晋中市人民政府办公室发布了《晋中市国家公共文化服务体系示范区创新发展规划（2022—2023年）》，其中明确提到"结合老旧小区、老旧厂区、城中村等改造，创新打造一批具有鲜明特色和人文品质的新型公共文化空间。"

在晋华1919园区的改造过程中，前身晋华厂的原有建筑基本保留，较为开阔的路面主要作为消费者的收费停车场和夏日夜晚小吃街被占用。晋华社区独有的对于晋华厂的依恋与自豪的情感推动着老职工在晋华1919园区重新开放后回到园区内进行文艺活动，推动了多种具有本地特色的公共文化活动的发展，其中红歌合唱团、广场舞团等较为突出，这些具有社交属性的活动不仅成了"老晋华"人联络感情的纽带，也在逐步强化着公众对晋华精神的感知体验。

根据晋华1919园区官方人流量统计，截至目前，已有4个广场舞团队和2个红歌合唱团将园区作为固定活动场所，约有1200人固定参与或观看这些团体的文化活动，在近年来"夜游"的发展导向下，该数字也将进一步增长。

（四）激发了城市创意经济

晋中市曾是以煤炭、电力、冶金、化工等为主要产业的传统工业城市，在国家"十四五"规划纲要提出"支持老工业基地制造业竞争优势重构，建设产业转型升级示范区"后，晋中市以产业转型升级为目标，将文化创意产业作为城市发展的新路径，实现绿色发展、可持续发展。在此背景下，2021年晋中市地区生产总值达到1843.4亿元，按可比价计算，同比增长6.8%，高于山西省平均水平。

晋华1919园区改造项目既是晋中市的首个工业遗产向创意园区转变的改造项目，又是晋中市最早的创意经济园区建设项目，标志着晋中市城市发展重点的转移，也为后续的东瑞创意街、官道巷民俗小镇等创意街区、社区的出现提供了宝贵的可借鉴经验。

在晋华厂旧址投入改造初期就被确立的"抢救第一、保护为主"观念在经过园区的保护与再利用实践的检验后，被证明是适宜用于老旧工业区的，这也间接影响了晋中市经纬纺织厂和锦纶纺织厂的旧址改造，这两处工业旧址预计将于2024年全部改造完毕投入运营。

目前，晋中市共有创意文化园区、街区、社区20余处，在晋华1919园区周边三公里内就有5处。它们从老、旧遗址出发，承担起参与城市公共文化产品供给、协同推动晋中创意经济发展的职能，为晋中市带来了新的经济增长点。

五、城市更新视野下晋华1919园区存在的瓶颈

在城市更新的视野下，晋华1919园区目前还面临着保护与开发、文化与创意、服务与效益等方面的问题，如何平衡保护与开发的关系、如何提升园区的文化内涵和创意水平、如何吸引和留住更多的游客和消费者，这些问题是很普遍和常见的，也是工业遗产改造的难点和重点。这既是可以解决的，也是具有价值和意义的，它们可以促进园区的创新和发展，也可以为其他类似的工业遗产改造再利用提供借鉴和参考。

（一）入驻品类单一

在文化创意园区中，不同的业态是一种多元化和创新化的表现，既反

映了创意园区的开放性和包容性，也体现了创意园区的核心价值和特色。不同的业态可以满足不同的消费需求和市场需求，提高创意园区的经济效益和社会效益，也能增加创意园区的知名度和影响力。同时，业态的多样化发展能够促进园区内部的交流与合作，激发更多的创意思维和创新模式，提高园区的竞争力。

工业遗产向文创园区的改造与再利用是需要考虑到市民对于"接地气""保留文化记忆"等强烈需求的，在此种背景下，以大拆大建为改造手段、以单一现代化资源为吸引点，业态单薄将会导致园区内文化的缺失。而群众的文化记忆点也会随之消散，最终走上活力人气不足的道路。文创园区作为一种产业集聚的形式，其目的是带动城市的原创力、文化软实力和竞争力，同时也为市民和游客提供一个参与艺术和体验创意的平台。当市民和游客进入文创园区时，他们所期望的是不同的艺术形式和表达方式、具有特色的文化商品和服务、富有文化气息和创意氛围的休闲环境，也正是这几种需求促使他们消费。文创园区应当从此入手，来保证园区的健康运营。

根据晋华1919园区品牌入驻概况表可知，目前园区入驻品牌有餐饮、摄影、文体、公共文化等四大类，且存在歇业的情况，难以构成较为完整的园区经济链条，园区文创氛围的建设上有所缺失，在满足消费者"吃住行游购娱"六位一体的游览需求时仍然有所欠缺。这些需求不仅是园区发展的原动力，也是园区持续运营、健康成长所必需的。而满足这些需求既能带来经济效益和社会效益的增长，也有助于园区建立品牌形象，体现文化内涵和价值。

（二）建设周期过长

对于文创园区而言，建设周期过长带来的问题是无法依靠其他方面来弥补的。园区的建设需要投入大量的资金，包括土地成本、设计成本、建设成本、运营成本等，如果建设周期过长，就会增加资金的占用和周转时间，造成资金压力和风险。同时园区的建设需要紧跟市场需求和消费趋势，如果建设周期过长，就可能导致园区的定位和功能失去市场优势，难以吸引和留住消费者和企业，降低园区的市场竞争力。

2016年，晋华厂旧址由天津创投资产管理有限公司接手改造，2017年宣告竣工。但在实地调查中发现，截至2023年2月，晋华1919园区内天乐坊、天化坊部分仍未建设完毕。到2022年3月，鹭羽文创园、山西小胖面馆都已经处于歇业状态，园区内正常运营的品牌商家人气也较低。

在园区的后期建设中，受新冠疫情防控影响，工地建设持续处于停摆状态，且在后期的资金链难以提供足够支撑时，园区选择性搁置了未完工部分的建设。这种情况导致园区长期处于部分功能缺失的状态，难以以一个整体去运营招商，相对应的，人气也有所下降。

（三）品牌核心价值提炼不足

城市更新旨在提高城市品质和功能，满足城市居民和游客的多元化需求。而在此背景下，品牌对于园区建设的重要性更加突出。品牌可以帮助园区脱颖而出，与其他城市更新项目形成差异化竞争优势，增强吸引力和影响力；同时，一个特色鲜明的文化品牌可以塑造园区的文化特色和主题，传递一座城市的历史记忆和文化内涵，促进城市文化的保护和传承；品牌的重要性还体现在它可以推动文创园区的运营创新和服务升级，通过品牌、IP、商业业态等赋能文旅相关产业，实现产业转型和升级。

在晋华1919现有的12个品牌中，只有晋华1919博物馆和鹭羽文创园以文化特色为主打，其余品牌中只有歇业中的山西小胖面馆体现出了明显的山西文化，其他品牌则整体较为松散，关联性不够强，消费者难以强化品牌认知，核心价值凸显不足。同时，园区内设计的游览动线也无法较好地体现晋华1919的文化品牌内容，品牌分散导致前后衔接不够流畅，消费者体验有所欠缺。

六、城市更新视野下山西晋华纺织厂园区未来发展的建议

晋华 1919 园区是一个利用晋华厂旧址进行城市更新的文创园区项目，旨在保护和利用工业遗产，展示和传承城市文化，打造和培育文创产业，提升和优化城市功能，为了实现这一目标，仍然需要对现在的园区进行改良和优化。

（一）空间整合与文化融合

在城市更新的背景下，如果要对工业遗产园区进行改造，就必须注重空间整合与文化融合。空间整合是指优化园区功能和空间，打造多样化的商业业态，满足消费者需求；文化融合是突出园区文化特色和主题，展示城市历史文化，传承和弘扬城市文化。空间整合和文化融合可以促进园区与周边环境和社区的协调发展，提升城市品质和功能，满足城市居民和游客的需求。

晋华 1919 园区位于晋中市榆次区新华街，一公里内有百货大楼、购物中心、金源地下商业街等三处商场，有榆次老城、榆次文化艺术中心等两处文化景区，文化和经济区位优势较为明显。在 2016 年晋华厂旧址改造项目启动后，紧邻的三处闲置用地也先后被作为房地产用地和商场用地进入建设。从城市规划而言，该片区整体进入更新换代阶段，原有的商业区、景点等正在循序渐进地优化产业结构、提升品牌价值。因此晋华 1919 园区在改造过程中，可以将远景规划融入片区整体发展，借助晋中市政府的发展政策，形成"吃住行游购娱"多位一体的城市文化基地，通过梳理园区功能并与周边达成互补的合作关系，力求共同发展。

此外，晋华 1919 园区可以通过设立专用场地等举措鼓励、吸引晋华厂"老职工"参加返厂艺术创作、历史讲述等活动，将"晋华精神"寄托在参与劳动、参与创造的工人身上，再佐以实景展示的方式做到文化的代代相传。

目前晋华 1919 园区内还未有专门供给年轻人的工作空间，基于该问

题，可以从着手改造原有建筑、盘活存量资源方向入手，灵活利用榆次区内常驻数万人的大学城的人才优势，联动片区内的商业设施和文化设施，为年轻人打造"就业+生活"的现代化文化空间，与城市文脉发展相联合，推动园区功能革新的同时也带来了新的文化经济增长点。

（二）价值凝练与品牌打造

在工业遗产向现代化、创意化的文创园区转变的过程中，价值凝练与品牌打造是促进园区与城市文化旅游的融合发展、实现城市更新与文化旅游的共赢发展、提升城市品质和功能的不可或缺的重要手段。价值凝练是突出园区核心竞争力和市场影响力，满足消费者个性化和多样化需求；品牌打造则能够塑造园区知名度和美誉度，吸引游客和投资者。

在工业遗产园区的发展运营过程中，宣传承担着扩大受众面、提升知名度和吸引投资等任务，而品牌作为创意园区的关键核心，对宣传手段、宣传方式和宣传重点都有所影响。对于城市而言，工业遗产往往具备着不可复制的特性和浓重的历史感。对于城市居民，工业遗产寄托着他们不可磨灭的生活记忆和强烈的自豪感。这些隐性情结不仅体现了工业遗产的社会文化价值，也成为工业遗产在改造再利用中的优势，有助于园区从单一口号形式的宣传转向打造高端复合的文化品牌，不仅仅以某一类资源为重点，而是联合遗产园区内的入驻商家和活动举办方，寻求文化共同点，进行价值凝练来赋予品牌核心意义。

在晋华1919的改造再利用中，也应当借鉴国内外案例的成功经验，从以下几方面入手。

（1）找准自身定位，联合现有资源，借助文化优势，从市民的情感记忆中深挖，打造诸如"老榆次""老晋华"等特色文化品牌，不仅与已有的"中华营造大坊"联动，也积极参与社火节、闹红火等晋中市传统文化活动，为已有品牌赋予联通古今、开放融合的文化意义，以此获得更好的品牌效应。

（2）引入现代技术和艺术手段，增强体验性与互动性，浓缩工业文化精华，将晋华厂蕴含的工业美学和创意氛围向上提炼进行展示，提升晋华1919在晋中文化圈的竞争力。

（3）聚集与旅游产业相关的文创企业和机构，形成产业链和生态圈，提供多元化的文化产品和商业服务，满足不同层次的消费需求。同时加强与晋中市、太原市的醋博园、兵工厂等文创园区和机构的合作与交流，联合举办各类文化活动、展览、节庆等，来提高知名度和影响力，打造城市文化地标。

（三）因地制宜的改造手段

工业遗产本身所具有的不可复制性决定了对其改造手段不能是大拆大建和全盘商业化，想要真正高效利用有限的工业用地和不可逆的厂房设备等，就应该将工业遗产本身置于所在片区之中，本着保留文化记忆的原则，因地制宜进行改造。此种改造方式主要是为了保护和利用好工业遗产的多重价值，实现工业遗产与城市发展的协调共赢。

具体来说，因地制宜的改造手段可以体现工业遗产的历史、科技、社会文化和艺术价值，传承城市记忆和工业精神；可以根据工业遗产的现状、环境、功能等因素，采取适合的设计手法和利用方式，实现工业遗产的活化利用，提升工业遗产的经济效益和社会效益；可以结合工业遗产所在地的自然条件、社会需求、发展规划等因素，打造具有地域特色和创新意义的工业遗址公园，丰富城市景观和文化内涵，促进城市转型和发展。

在晋华1919园区的改造再利用中，也应当遵循因地制宜的改造手段，摒弃不符合园区文化特点和不适宜园区经济发展的部分，如在晋华1919的改造再利用中，较为宽阔的中心广场仍被作为文化效益较少的小吃街使用，提供的小吃也多为烤鱿鱼、手抓饼等缺乏山西本地特色的品类，且仅有夏天开放。而与晋华1919园区同片区的榆次老城已有更成熟更完善且规模更大的小吃步行街，相较晋华1919园区内的小吃街，其具备品类更多、管理更完善、客流量更大的优势。同时，晋华1919园区小吃街也面临着卫生清理不到位、规划不完善导致物品摆放杂乱等多重问题。

通过实地调研，结合晋华1919园区的具体情况，可以将中心小吃街清除改造，连接几十米内由车间改造的婚礼礼堂、展览场地，用作相关文创活动的举办场地和露天婚礼场地，而不只依靠于仅有且歇业中的"鹭羽文创园"，结合园区内定时举办的大型演出活动来将该地块打造为文化交流与消费者高端消费的专属场所等，使其更符合园区整体氛围，有效解决卫生、杂乱等问题。

因地制宜不仅仅是一种节约物料的方式，也是打造园区文化氛围的利器，顺应建筑物特点与生产功能的改造同样有利于开发方提升建设速度、协调内部环境与提升文化效益。

（四）多方位收集市场反馈

在园区的发展过程中，消费者是最终用户，他们的需求和喜好决定了一个园区的市场前景和价值。如果文创园区不能提供符合消费者需求的文创产品和创意服务，就会失去消费者的认可和支持，进而影响该园区的经营效益和品牌形象。在此逻辑下，采用以需求为主导的更新优势在于不盲目引进其他案例的先进经验，能够及时调整运营策略，提升和新兴产业的融合度，推动地区的整体性保护，真正做到延长城市文化经济链，最终找到适合的发展模式。

在调查中发现，晋华1919园区的网络运营较为薄弱，官方公众号从2019年9月起停更，未设有专有网站主页，在微博、微信、百度、高德地图、腾讯地图、美团、大众点评等多个主流平台上没有联系方式与反馈栏目，难以满足消费者的咨询与反馈需求。

在需求导向下，园区的运营迫切需要从公众网络渠道征求建议、线下实地调查等方式来获取较为先进的消费者信息，再研究论证更新手段的可行性，同时将调查的间隔控制在规律周期内，提升信息更新换代的效率。

园区官方需要做好市场调研，了解消费者的需求特征、消费习惯、消费动机、消费偏好等，制定符合消费者需求的文化产品策略和服务营销策略；建立消费者关系管理系统，收集和分析消费者的反馈信息，与时俱进、及时调整园区提供的商品与服务，提高消费者满意度和忠诚度。

在网络和市场传播方面，应当灵活利用新媒体和社交平台，扩大园区的宣传覆盖和传播效果，提高消费者对晋华品牌文创产品的认知度和兴趣度；探索多元化的合作模式，与其他行业或领域的企业或机构建立合作关系，拓展文创园区的业务范围和市场空间。

结　语

在时代的车轮滚滚前进的当下，城市更新是社会现代化无法绕开的话题，而在城市更新视野下的工业遗产是普遍存在又兼具研究和实践价值的文化遗产之一。本文以山西晋华厂和其改造再利用后转变的晋华1919园区为研究对象，将其工业遗产的身份置于城市更新视野之下进行讨论，对城市更新与工业遗产改造再利用之间的关系和内在逻辑进行分析。

城市更新是工业遗产保护再利用的重要契机和动力，也是其面临的挑战和困境，本文借鉴国内外成功的范例，总结了工业遗产保护与再利用的模式和策略，并以晋华1919项目为案例，具体分析了其规划设计过程并作了效果评价，论证了在工业遗产的转变中兼顾保护工业文化和物质载体再利用的方式的重要性。

本文也仍存在许多不足之处，如未能对晋华1919园区前期的改造与再利用的资金和人员配置等进行详细分析，也未能对园区文化核心之一的晋华1919博物馆进行更为详尽的描述和分析，这些内容的缺失也使得本文的分析有所不足。

参考文献

[1] 王莉琴，石培华，张一楠．城市更新背景下文化旅游融合路径与对策研究［J］．未来与发展，2022，46（4）：7-12．

[2] 孙淑亭，徐苏斌，青木信夫．工业用地转型中遗产社区认同研究［J］．中国文化遗产，2022（3）：41-48．

[3] 陈翠容，蔡云楠．国外工业遗产保护与再利用研究进展：基于可视化知识图谱分析［J/OL］．工业建筑：1-13［2022-11-22］．

[4] 蒋楠，张菁．基于价值实现的工业遗产空间"适应性"及其评价［J］．室内设计与装修，2022（7）：114-115．

[5] 赵喆骅，刘雨晨．试论"产业园模式"下城市工业文化遗产保护与再生：以北京798艺术园区为例［J］．重庆建筑，2022，21（2）：21-22，35．

[6] 刘长安，姜玉莹，周忠凯．价值判断与利益平衡：中小城市工业遗存更新策略探讨［J］．华中建筑，2021，39（12）：137-141．

[7] 常湘琦，朱育帆．从遗存到遗产：工业遗址景观化发展研究概述［J］．风景园林，2021，28（1）：80-86．

[8] 刘丽东，马仁锋，吴丹丹，等．资源型城市工业遗产创意活化及其空间组织研究［J］．上海国土资源，2021，42（4）：14-20，27．

[9] 徐苏斌．中国工业遗产保护研究温故知新［J］．建筑实践，2021（11）：6-15．

[10] 毕经国，江海涛．城市工业遗产整体性保护与再利用研究：以陶溪川·CHINA坊产业园区改造为例［J］．城市建筑，2020，17（18）：54-55．

[11] 李静．工业遗址变身文化创意产业园：武汉百年工业遗产的保护和再利用［J］．武汉学研究，2020（1）：262-295．

[12] 张琴．景观再生设计的文化价值探究：以山西晋华纺织厂为例［J］．汉字文化，2019（20）：151-152．

[13] 张健健,克里斯托夫·特威德.工业文化传承视域下的工业遗产更新研究:以英国为例[J].建筑学报,2019(7):94-98.

[14] 李佑,刘力.非一线城市工业遗存更新中的问题及对策研究[J].建筑与文化,2019(9):192-193.

[15] 姚晓庆.基于工业元素再利用下的旧工业区环境改造设计研究[D].西安:西安理工大学,2018.

[16] 徐苏宁,王国庆,李世芬,等.工业遗产保护与城市更新[J].城市规划,2017,41(2):81-84,101.

[17] 冯美宇,王秀静.山西晋华纺织厂工业遗产资源的保护与再利用策略[J].工业建筑,2010,40(12):118-122.

附　　录

本科毕业生学位论文写作时间计划表

任务阶段	主要任务点	建议时间	计划安排（可填写）
选题准备	查阅文献 实地走访 设计题目	7～14 天	年　月　日至 年　月　日
选题论证	选题意义 文献综述 内容设计	3～7 天	年　月　日至 年　月　日
写作初稿	主体内容完成	10～14 天	年　月　日至 年　月　日
论文修改	调整框架 增删内容 完善语言	3～5 天为一轮，建议修改 5～8 轮	年　月　日至 年　月　日
终稿完善	对文字、格式、学术规范等进行逐字校对	3 天	年　月　日至 年　月　日

后　　记

　　大学毕业后，我曾先后任职于几家文化企业，写过策划方案、新闻报道、人物采访、童话故事、旅游指南等，自以为在职场中锻炼了工作所需要的基本写作能力。2009年5月，当我再次进入校园，攻读硕士研究生的学位之后，我很快就发现自己对于科研工作中的方法与规范、学术论文撰写的要求与体例十分陌生，甚至一无所知。可以说，我从此时才开始系统学习田野调查、资料收集的基本方法，学术论文、调查报告的检索、阅读与写作技巧，并在这一系统训练中逐渐习得专业论文写作的能力。

　　三年的研究生学习经历，以及而后十余年高校教学生涯中，我慢慢经历了学术论文、专业教材、科研项目申报书、政府咨询报告、文化随笔等不同风格文体的写作，并发表了一些文章。这个过程中，我不断站在一名普通写作者的视角，总结自己从开始选题到写作完成这一阶段总共需要多少个环节，在每个环节遇到的典型难题与困境分别是什么，阻碍自己达成目标的障碍和难以突破的心理难关有哪些，容易误入的歧途又是什么。同时我也发现，很多写作者——包括我的学生在内，在学术论文写作中遇到的困难与我有不少相似之处。

　　大约两三年前，我开始有意识地梳理、记录写作中可能遇到的共性问题，将其编辑为一个文档，在每年学生开始准备撰写毕业论文时，提前发给同学们作参考。同时，我也会在课程教学中，针对性地加入专业文献的检索、阅读与写作训练，提升同学们的研究能力。随着时间的推移，训练的内容逐渐成熟，促使我产生了将这套写作技巧整理为一部书稿的想法，系统地归纳文化艺术管理类专业论文写作的基本方法，为更多学生和初学写作者提供参考经验。2023年春季，《文化艺术管理类专业论文写作》的初稿完成，我又结合日常教学与论文指导工作中遇到的实际情况，对文稿进行了多次修改，并于2023年末定稿。

这部书稿的完成，首先要感谢我在云南大学求学期间相遇的各位良师益友。得益于恩师们的教导，如孩童般蹒跚学步的我，在云南大学的校园里打下了专业研究的基础，学习了田野调查、材料收集与分析的技巧。多年来，与师友们共同走过的崎岖的调研之路，共同为了一份报告、一篇论文、一部教材的编写日夜讨论的场景，令我至今回想起来，仍深感温暖。云南大学严谨的治学风气、不息的求索精神至今深深影响着我，并提醒我求知无怠，始终怀有对知识的敬畏之心。

毕业多年后，我依然十分感谢恩师——云南大学李炎教授。无论何时当我遇到难题，他都愿意从专业知识、研究视野、为人处事等各方面为我点亮明灯，陪伴、指引我走出困惑。

感谢学习、工作与交流活动中相遇相知的，来自各地的同行与好友，他们或者有闪亮的人格魅力，或者有在琐碎日常中坚持提升自我的能力，或者对待学术、专业有着赤子一般纯真的追求。相谈有长有短，如星辰般熠熠闪光的片段存放于记忆里，带给我无尽的温暖与养分。

感谢课堂内外认真求学的同学们。这本书始于教学工作，也希望未来能尽用于教学工作，不辜负三尺讲台，亦不辜负讲台下方付出宝贵光阴的每一位同学。

特别指出的是，这本书稿中，第五章摘录了云南艺术学院艺术管理学院文化产业管理专业2022届毕业生李杨祺的论文《乡村振兴视域下古村落文旅融合发展研究——以江西省安义古村群为例》的标题目录，作为题目设计、框架设计的教学示例。第八章收录了云南艺术学院艺术管理学院文化产业管理专业 2023 届毕业生王诗语的论文《城市更新背景下工业遗产的改造与再利用分析——以山西晋华纺织厂为例》全文作为写作示例。在此对两位同学表示由衷感谢。

诚挚感谢云南艺术学院资助本书出版。《文化艺术管理类专业论文写作》虽然源自教学，但它是一本新书，也是一本小书，其实用性、合理性还有待实践的检验。不足之处，将在日后不懈的阅读、写作与教学工作中不断完善。

最后，感谢家人一如既往的陪伴、鼓励与支持。

艾佳

2023 年 12 月 1 日

于云南昆明